주식투자,
돈 벌려면
공부하지 마라

인공지능형 시스템트레이딩 'NST'로 하는 성공투자

주식투자, 돈 벌려면 공부하지 마라

박종명

더 이상 지표와 기술적 분석은 필요 없다
투자와 매매의 패러다임을 바꾸는 NST 프로그램

머리말

 사람은 누구나 살아가면서 누구만큼 아니면 누구보다도 더 윤택한 삶을 꿈꿉니다. 그러한 삶을 영위하기 위해 사회라는 곳에서 수없이 많은 도전을 하고, 그러한 도전의 하나로 직업을 선택합니다. 어떤 이는 홀로서기보다는 배우자를 만나면서 가정이라는 베이스를 우선적으로 선택하기도 합니다.

 1980년 이후 10여 년 전까지만 하더라도 한국의 금융시장에서 개인투자자들의 현실적인 결과는 언제나 참혹하기만 하였습니다. 물론 극소수의 개인이 인생역전을 경험한 경우도 있었으나 이 또한 오래 가지는 못했습니다. 그런 극소수의 개인투자자들 역시도 시간이라는 확률에 기인한 무리수가 작용하여 결국 시작 시점보다 못한 상황으로 치닫기가 일쑤였던 것입니다. 더러는 신문이나 방송을 통해 그들의 가슴 아픈 사건을 접할 때도 많았습니다.

"잠을 이룰 수가 없다. 온통 빚 독촉만이 내가 살아 있다는 증거라 할 수 있을 정도로, 전화벨과 문을 두드리는 소리에 놀라는, 지금의 이 현실을 그만 놓으려 한다. 사랑하는 가족들에게 미안하다. 부디 대한민국 금융시장에서 주식이라는 유혹에서 빠져나오길, 남은 이들에게 바란다."

이런 유서를 남기고 몹쓸 선택을 한 사람도 있었고, 이런 일이 한때는 펀드매니저나 개인투자자들 모두 남의 일로 여기지 않았었습니다.

나 역시도 전문가 활동을 하던 기간, 시간이 한참 지난 지금까지도 가슴 싸늘해지는 위와 유사한 경험이 여러 번 있었습니다. 나와 같은 길 아니 같은 일을 배우며 함께했던 사람들과의 생이별, 그리고 더 가슴 아프게 만든 세상을 등지는 사람들과의 이별도 수없이 경험해야 했습니다.

몇몇 이들과의 이별은 아직도 가슴에 무거운 돌덩이로

박혀 영원히 빼낼 수 없는 아픔으로 남아있습니다.

이렇듯 아픈 가슴을 치유하지도 못한 채 이런 아픔이 더는 없었으면 하는 바람을 담아 이 책을 준비했습니다.

어쩌면 삭막한 내용이 될 수도 있겠지만 책을 읽기 전에 금융시장에서 투자자로 입문하던 동기와 처음의 목적을 분명히 기억해줄 것을 당부드립니다. 그래야만 내가 처음으로 이 책에서 공개하는 매매 알고리즘과 인공지능형 시스템트레이딩인 NST 프로그램의 사용방법 등이 유용할 것이기 때문입니다.

NST 프로그램에 대해 조금만 더 언급하겠습니다.

2016년 12월 1~3일 홍콩 컨벤션센터에서 국제혁신디자인기술박람회(Inno Design Tech EXPO)가 열렸습니다. 이 행사는 혁신적인 디자인 상품과 신기술, 브랜드, 우수 혁신기술 관련 기업 및 전문가의 비즈니스 연결, 기술 접목을 위한 종합박람회이며, 매년 전 세계에서 다양한 기업들이 참가하여 과학적 창의와 기술적인 아이디어를 통한 새로운 제품들을 선보이고 있습니다.

해외시장 진출 방안을 모색하던 필자는 해외 투자금융

기업에 NST 프로그램을 알릴 기회라 생각하고 박람회에 참가하여, 글로벌 시장에서 자동매매의 필요성과 금융시스템의 신기술 개발에 대한 필자의 알고리즘으로 고안·제작된 인공지능형 자동매매 프로그램을 소개했습니다.

중국의 첫 번째 외자합작 투자은행인 CICC(China International Capital Corporation)와 일본에서 가장 오래된 중개기업이며 일본 최대 증권사인 NOMURA에서 NST 프로그램의 장중 실시간 실계좌를 연결한 자동매매 프로그램 시연을 하였으며, 프로그램 신호의 적중률은 100% 성공하였습니다. 그 결과 해외 금융그룹의 높은 관심을 받고 추후 본 프로그램의 사용 의사도 타진 받았으며, 2017년 1월에 프로그램 테스트와 심사를 요청받는 등 큰 성과를 거두었습니다. 이처럼 NST 프로그램에 대한 반응이 매우 좋았고 향후 협약에 대해서도 긍정적으로 논의되었습니다. NST 프로그램을 이용한 해외시장 진출이 바로 눈앞에 다가왔음을 알리는 청신호가 아닐 수 없습니다.

많은 고통과 노력, 그리고 시간을 뒤로하며 시장이 요구하는 새로운 패러다임의 로직과 알고리즘을 개발하기 위하여 끊임없이 도전한 결과가 이제 비로소 결실을 얻는다고 생각하니 감회가 새롭습니다. 한편으로는 이제부터 시작이라는 생각과 함께 혁신적이고 인공지능형 시스템을 지속적으로 개발해야 한다는 마음가짐을 다지게 됩니다.

많은 투자자들이 이 책을 통해 NST 프로그램을 알고 접하여 더는 좌절하지 않았으면 하는 마음입니다. 필자의 취지는 똑같은 책이지만 이 책을 산 목적은 각기 다를 수 있습니다. 단순한 독서 목적인 사람도 있을 것이며, 금융시스템을 배우려는 강한 욕구를 가진 분들도 있을 것입니다. 책을 보는 사람도 다 다를 것입니다. 투자의 본질적인 목적인 윤택한 삶을 위하여 투자를 처음부터 직업으로 선택하여 시작한 투자자일 수도 있고, 여러 직업을 경험하며 돌고 돌아 금융시장 참여자로 남아 있는 투자자일 수도 있습니다. 투자자로 금융시장에 이제 입문하려는 사람일 수도 있습니다.

'성공투자를 원한다면 지난 지표와 기술적 분석에 대해 더 이상 공부하지 말아야 합니다!'

책을 보는 사람도 다르고 책을 보는 목적도 다르지만 모두에게 이 책이 투자의 새로운 패러다임을 제시하는 필독서가 되기를 바라는 마음 간절합니다.

부모에게 안겨준 실망감과 많은 친구들의 눈초리를 뒤로하고 NST프로그램을 끝까지 연구 개발할 수 있게 정신적인 힘이 되어준 선배 같은 동생, 이랜드 그룹 M&A본부장 김욱과 존경하는 (주)엔에스글로벌의 박병현 대표께 진심으로 감사한 마음을 전합니다.

책이 나오기까지 애써주신 모든 분께도 감사드립니다.

2016년 12월 **박중명**

2016년 12월
홍콩 국제혁신디자인기술박람회 참가와 NST 프로그램 시연 모습

◇ 일러두기 ◇

이 책에 담긴 내용(매매방법)은 특허출원과 저작권위원회에 등록된 (주)엔에스글로벌의 고유 자산임을 밝힙니다.

목차

머리말   4
일러두기   13

제1장
금융시장에 입문하는 방법   17

제2장
투자와 매매의 경계를 구분하기   27

1. 투자와 매매를 구분하고 입문하라   28
2. 매매의 연속성이 투자의 기초자산이 된다   33
3. 예측하지 마라. 어제와 내일이 아닌 오늘에 집중하라!   38
4. 투자 기초자산 만들기   48

제3장

이기려는 자와 이기는 자: 성공투자자와 수익만 만들려는 투자자 53

1. 투자자가 알아야 할 주식 금언   55
2. 올바른 투자 마인드를 고취하라   60
3. 기회를 기회로 활용하라   66
4. 버려야 할 것은 버려야 한다   74

제4장

시장을 거스르다   77

제5장

자동매매프로그램 소개와 사용법   89

제6장

선행신호의 정의와 신호의 안정성   111

1. 선행신호란?   112
2. 선행신호의 우수성 증명: 결과에 의한 증명   121
3. 선행신호의 안정성이 가져다주는 매매가 투자의 기초자산   127

제7장

돈 벌려면 눈사람과 친해져라! 129

1. 돈 벌려면 어제와 내일을 잇는 오늘에 충실하라! 130
2. 돈 벌려면 잘못된 분석방법을 버려라! 134
3. 돈 벌려면 하나둘셋을 외쳐라: 1·2·3 법칙을 배워보자! 137
4. 리딩 프로그램 용어해석 139

글을 맺으며 148

제1장

금융시장에 입문하는 방법

수많은 금융상품은 각각의 고유성과 특성을 지니고 있습니다. 여기에 접근하는 방법은 직업적인 마인드로의 접근과 재테크 정도의 투자로 생각하고 접근하는 방법이 있습니다.

  두 가지 접근법은 큰 차이가 있으므로 투자자라면 여러 가지를 고려하여 자신에 맞는 입문방법을 선택해야 합니다. 선택 후에는 이에 걸맞은 마인드로 금융시장에 입문하는 게 투자의 첫걸음입니다.

  우선 개인투자자들에게 전하고 싶은 말은 금융상품의 투자와 매매의 경계를 분명히 해야 한다는 점입니다. 이 책은 다른 주식 관련 도서와는 원론적인 분석과 이해 차원에서 상당 부분 괴리감이 있다는 점을 분명히 알립니다.

금융투자자라면 누구나 투자 시기와 매매 시기에 대한 명확한 경계를 잘 알지 못하여 발생하는 시행착오를 여러 번 경험하였을 것입니다. 국내 금융시장에서는 아직도 무분별한 정보 매매와 중장기 투자에 대한 낙후된 이론을 고집하는 전문가나 투자자들이 풀 속에 숨은 물웅덩이처럼 시장에 많이 도사리고 있습니다. 개인투자자들은 이를 알아채지 못한 채 그런 함정에 빠지게 되고, 그들은 금융시장과 함께 그 폭을 넓혀 가고 있습니다.

아래는 2015년 8월 문화일보에 실린 기사 내용의 일부입니다.

전문가 자처하며 주가 인위적 조작
저금리 여파로 개인투자자 몰리자
불공정 부당이익 챙기는 세력 늘어

증권투자자 A 씨는 올해 초 자신이 자주 방문하는 온라인 증권카페에서 솔깃한 정보를 접했다. 해당 글은 특정 업체에 호재가 있기 때문에 얼마 지나지 않아 해당 업체의 주가가 폭등할 거라는 내용이었다.

신빙성이 높다고 믿은 A 씨는 여윳돈을 털어 해당 업체의 주식을 사들였다. 하지만 A 씨의 기대와는 달리 며칠 뒤부터 해당 업체의 주가는 곤두박질치기 시작했다. 결국, A 씨는 수백만 원의 손해를 감수하고 해당 주식을 처분해야 했다.

조사 결과 해당 증권카페에 자신을 전문가로 속여 글을 올린 B 씨는 사기꾼인 것으로 드러났다. 실제로 한국거래소에 따르면 B 씨는 다수의 필명과 아이디를 동원해 마치 다른 사람인 것처럼 속인 뒤 반복해서 허위사실을 게재·유포하는 방식으로 투자자를 유인해 주가를 인위적으로 띄운 것으로 나타났다. B 씨는 이 과정에서 주가 상승 시 보유주식을 처분해 2억 원가량의 차익을 거둔 것으로 조사됐다. [장병철 기자]

거래소, 상반기 98종목 63건 적발
지난해 같은 기간보다 10.3% 증가
부당이득 76억 전년보다 4배 늘어

올해 들어 국내 증시가 회복세를 보이면서 시세조종 등 불공정 거래를 통해 부당 이득을 챙기려는 세력이 크게 늘고 있는 것으로 나타났다. 특히 최근에는 저금리 여파로 개인 투자자들이 대거 증시로 몰려들면서 온라인 증권카페 등 사이버 공간을 활용해 허위과장 글을 유포한 뒤 시세 차익을 올리는 사례도 적지 않아 투자자들의 주의가 요구된다.

20일 한국거래소에 따르면 올해 상반기 이상거래 심리를 통해 금융위원회에 통보한 불공정거래 혐의 사건은 총 63건(98종목)으로 지난해 같은 기간보다 10.3%(6건) 증가한 것으로 집계됐다. 불공정거래가 급증한 것과 관련해 거래소는 "상반기 코스피지수가 3년 8개월 만에 2,100선을 돌파하고 거래대금이 증가하는 등 증시 회복세 속에서 시세조종 유인도 증가한 것에 기인한 것으로 판단된다"고 밝혔다.

시장별 현황을 살펴보면 현물시장에서 발생한 혐의 통보 사건은 유가증권시장이 22건, 코스닥시장이 39건 등 총 61건이었다. 이는 지난해 동기 51건보다 19.6% 증가한 것이다. 파생상품시장에서는 3건의 혐의 통보 사건이 발생했다. 유형별로는 시세조종이 25건(39.1%)으로 가장 많았으며 미공개 정보이용이 22건(34.4%), 부정거래가 4건(6.3%) 등으로 그 뒤를 이었다.

구체적 사례를 살펴보면 소액주주로 구성된 한 주식투자 모임은 대표를 중심으로 지역사회 종교모임, 동창회 등과 연계돼 601개 계좌를 이용, 최근 5년간 지속해서 주식 매매에 관여하는 방식으로 약 1,169억 원의 부당 이득을 챙긴 것으로 확인됐다.

또 합병을 추진 중이던 비상장사 C사의 최고재무책임자(CFO) D 씨와 주주 E 씨, 계열회사 직원 F 씨 등은 합병 정보 공개 전 C사의 주식을 매수한 뒤 정보 공개 후 주가가 오르자 이를 매도해 158억 원가량의 차익을 실현했다.

이처럼 불공정거래가 빈발하면서 사건당 평균 추정 부당 이득금액도 매우 증가했다. 실제로 올해 상반기 추정 부당 이득금액은 76억 원으로 지난해 동기 15억 원보다 4배가량 증가했다. 이는 기관투자자가 관여한 대규모 불공정거래와, 장기적인 대규모 시세조종 등의 사건이 집중적으로 적발됐기 때문으로 분석됐다.

한편 거래소는 최근 개인투자자의 비중이 크게 늘면서 증권카페 등 온라인을 통한 불공정거래 행위가 기승을 부리고 있는 만큼 투자자들의 세심한 주의를 당부했다. 실제로 거래소의 올해 상반기 사이버 모니터링 건수는 총 1만3079건으로 전년 동기 1만1099건 대비 17.8% 증가했다. 특히 모니터링 결과를 기초로 불건전한 게시물을 통해 주가가 과도하게 상승한 종목을 선정하고 부정거래 개연성을 분석하는 '분석대상 적출 처리 건수'도 올해 상반기엔 780건을 기록해 지난해 동기 679건과 비교해 14.9% 늘었다. 더불어 특정 종목의 주가가 비정상적으로 급등할 경

> 우 거래소가 지정하는 '시장경보 종목'수 역시 지난해 상반기에는 373종목에 불과했지만 올해는 736종목으로 크게 늘어난 것으로 나타났다.
>
> 이와 관련 거래소 관계자는 "최근 증권카페에서 과장·허위 사실을 유포하는 등 사이버 공간이 불공정거래 수단으로 자주 이용되고 있고 증시 회복 분위기 속에서 일부 세력들이 각종 테마주를 양산해 비정상적인수익을 취득하려는 시도가 지속하고 있다'며 '투자자는 시장에 떠도는 루머에 편승하거나 인터넷 사이트 등에서 제공되는 정보를 맹신하지 말고 투자대상 회사의 영업상태, 재무구조 및 공시사항 등을 면밀하게 분석하고 각종 위험요소를 충분히 고려하면서 합리적으로 투자해야 한다"고 지적했다.

위와 같은 기사는 지난 수십 년간 끊임없이 국내 금융시장을 어지럽히고 있고 아직도 그 행태는 계속되고 있다는 점에서 투자자 모두 탄식할 수밖에 없는 두려운 현실입니다. 이런 어처구니없는 일들이 연이어 나오는 원인을 누구나 알고 있음에도 관계 당국도 해당 범죄 행위를 하는 업체들도, 심지어 그러한 경우를 당하고도 또다시 함정 주위를 맴도는 개인투자자들마저도, 재발 방지를 위한 노력을 하지 않고 있다는 것은 아이러니가 아닐 수 없습니다.

이러한 일들이 사라지지 않는 이유는 자본주의의 병폐에 금융시장이 무방비인 채로 노출되어 있기 때문입니다. 즉, 불합리한 제도와 개인투자자를 보호하는 자본시장법의 모호한 기준, 그리고 개인투자자들의 급한 마음과 지나친 욕심이 이런 일이 계속되게 하고 있는 것입니다.

어떻게 하면 금융시장의 두텁고 많은 함정에서 벗어날 수 있을까요?

몇 가지의 답안을 제시해 보겠습니다.

첫 번째는 시장에서 순조롭게 벗어나는 방법입니다.

특히 겸업 투자자들의 경우에 장기간 지속되는 경기불황과 취업난 속에 직장을 잃거나 자영업을 포기하지 않은 상태라면, 본업에 충실하고 가족의 생계를 책임져야 하는 상황 속에서는 가급적 금융시장에서 대박을 노리는 어리석은 도전을 피해야 합니다. 도전이 아닌 대박의 환상은 그 자체가 욕심이며 도박의 시작에 불과하기 때문입니다.

두 번째는 만약 당신이 전업투자자이며 또는 금융시장에서 투자자 또는 전문적인 종사자라 생각된다면 다시 시작해야 한다는 것입니다.

그 시작점에 필요한 것이 자본금이 아닌 뒤에 서술할 기본적인 투자 방법에 대한 변화를 인식하는 일입니다. 즉, 지금의 글로벌 경제 상황과 국내 상황이나 시대에 맞는 원칙과 기준을 정립한 후 다시 시작해야 한다는 것입니다. 그러한 준비 과정과 시간의 필요성을 스스로 충분히 인지할 수 있다면 아마도 당신은 두 번째 답안으로 절반의 성공을 이룰 수 있을 것입니다.

세 번째는 '없다'입니다.

쉽게 설명하자면 당신이 당신의 실패(손실)를 인정하지 않고 시장을 떠나지도 않겠다면, 결국 그 어떤 큰 자금의 준비가 된다 할지라도 결국 모든 자본을 위의 두 번째 방법을 택한 자(외국인, 기관, 투자와 매매의 경계를 인식한 개인투자자)들에게 빼앗기고 말 것입니다.

제2장

투자와 매매의 경계를 구분하기

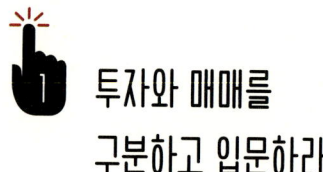

투자와 매매를 구분하고 입문하라

 글로벌 금융시장에서 오랜 기간 고수익을 내며 성공가도를 달려 투자명인이라 불리는 사람들이 수없이 많이 배출되었고 그들이 써놓은 책도 많습니다.

 무엇보다 그들의 화려한 성공만을 보고 그들과 같은 성공을 꾀하려 하는 데서 가장 큰 실패의 요인이 발생합니다. 투자의 시작이 그러한 요인들로 채워진다면 결코 금융시장에서의 성공은 이루어지지 않습니다.

- 2016년 1~3분기 개인투자자 수익률(한국거래소 참조)

  1분기: -18.50%, 2분기: -22.87%, 3분기: -13.33%

(단위 : 억, %)

섹터대분류	섹터중분류	기업명	1분기 개인 순매수대금	1분기 수정주가 등락률
산업재	상사, 자본재	삼성물산	3,759	2.14
경기관련소비재	호텔, 레저	호텔신라	3,755	-13.97
산업재	상사, 자본재	한국항공우주	3,335	-16.52
경기관련소비재	화장품, 의류	코스맥스	1,383	-31.79
IT	IT하드웨어	LG이노텍	1,177	-19.49
필수소비재	필수소비재	오리온	990	-21.61
경기관련소비재	호텔, 레저	하나투어	960	-26.43
유틸리티	유틸리티	한전KPS	960	-27.98
산업재	상사, 자본재	SK	919	-7.28
산업재	상사, 자본재	CJ	905	-22.11
상위 10개 기업 단순 평균			1,814	-18.50

자료재공- 와이즈에프엔

(단위 : 억, %)

섹터대분류	섹터중분류	기업명	2분기 개인 순매수대금	2분기 수정주가 등락률
산업재	상사, 자본재	삼성물산	5,799	-13.99
소재	화학	LG화학	5,037	-20.61
경기관련소비재	자동차	현대차	2,041	-11.15
IT	IT하드웨어	삼성전기	1,714	-14.80
경기관련소비재	자동차	기아차	1,666	-10.56
에너지	에너지	S-Oil	1,518	-22.68
산업재	건설	현대건설	1,270	-20.88
경기관련소비재	소매(유통)	롯데쇼핑	1,107	-19.32
경기관련소비재	자동차	현대위아	1,106	-15.14
산업재	건설	삼부토건	1,050	-79.56
상위 10개 기업 단순 평균			2,231	-22.87

자료재공- 와이즈에프엔
(비고) 해태과자식품 제외

(단위 : 억, %)

섹터대분류	섹터중분류	기업명	3분기 개인 순매수대금 (16.09.19 기준)	3분기 수정주가 등락률 (16.09.19 기준)
건강관리	건강관리	한미약품	3,595	−20.82
소재	화학	LG화학	2,915	−10.38
산업재	운송	현대상선	2,389	−47.48
IT	IT가전	LG전자	1,696	−7.24
경기관련소비재	화장품, 의류	LG생활건강	1,604	−13.16
경기관련소비재	미디어, 교육	CJ CGV	1,583	−18.84
유틸리티	유틸리티	한국전력	1,121	−4.30
경기관련소비재	자동차	기아차	1,108	2.43
경기관련소비재	소매(유통)	이마트	1,054	−11.27
경기관련소비재	소매(유통)	롯데쇼핑	971	−2.22
상위 10개 기업 단순 평균			1,803	−13.33

자료재공− 와이즈에프엔

- 2015년 개인투자자 수익률(한국거래소 참조)

    개인 순매수 상위 10개 종목의 1년 평균 수익률은 −34.1%

순위	종목	수익률
1	포스코	−39.56
2	SK하이닉스	−35.6
3	현대차	−11.83
4	대우조선해양	−72.82
5	LG디스플레이	−27.04
6	LG전자	−8.97
7	현대건설	−32.19
8	대한항공	−41.62
9	하나금융지주	−26.25
10	삼성중공업	−45.61

W라고 불리는 투자의 귀재가 있습니다. 아마도 시장참여자라면 누구나 알 수 있는 투자명인이고, 그의 저서 중 한두 권은 모두가 탐독하며 투자에 대한 첫걸음 정도로 여겼을 정도입니다. 그가 성공을 거둔 투자방법이나 원칙이라고 해서 국내 금융시장 참여자가 이를 그대로 답습한다면 누구나 실패의 길을 걷는다고 단언하겠습니다.

 자금의 탄력성을 분명하게 가진 투자자라면, 중장기로 일컫는 투자의 논리로 기업에 투자하고, 다우이론에 입각한 각종 장기상품에 투자하여 리스크를 적게 하여, 수익은 극대화할 수 있겠지만, 자본력의 크기와 투자기간, 개념이 전혀 다른 개인투자자들은 다릅니다.

 그런데도 개인투자자 대부분은 그러한 논리와 방법론적

인 이론을 기본적 분석과 기술적 분석이라 말하는 주식 상품 또는 선물이나 파생상품의 매매에 적용하면, 그 결과가 명인들의 투자 결과와 크게 다르게 나타난다는 점을 깨닫지 못합니다.

이러한 오류를 범하지 않기 위해서는 바로 투자와 매매의 경계를 분명히 하고, 미리 투자기간과 투자금의 형태를 기준으로 삼을 수 있어야 합니다. 앞서 언급한 내용처럼 무엇보다 중요한 것은 전업에 가까운 투자방법인지 또는 재테크의 일환(겸업)으로 삼을 것인지를 정확히 이해하고 입문해야 한다는 점입니다.

2 매매의 연속성이 투자의 기초자산이 된다

 우리가 금융상품에 투자한다는 것은 결국 투자시점과 청산시점이 가장 중요한 팩트로 작용하고, 큰 틀에서 본다면 중장기 매매패턴 될 것입니다. 결국 상품에 투자한다는 것은 매매방법의 좋고 나쁨에 따라 투자의 성공과 실패로 갈립니다. 필자는 그러한 논점을 부각시켜 투자의 기초자산은 좋은 매매방법에 의해 크고 작음과 단기, 중기, 장기 투자의 경계를 나눌 수 있다고 주장합니다.

 아래는 전업주부인 M씨와 자영업자 J씨의 투자와 매매 경계를 확연히 들여다볼 수 있는, M씨의 2016년도 매매일지와 J씨의 투자결과이며, 모두 실제 계좌 내역을 통해 투자와 매매의 경계가 얼마나 중요한지를 꼭 인식해야 합니다.

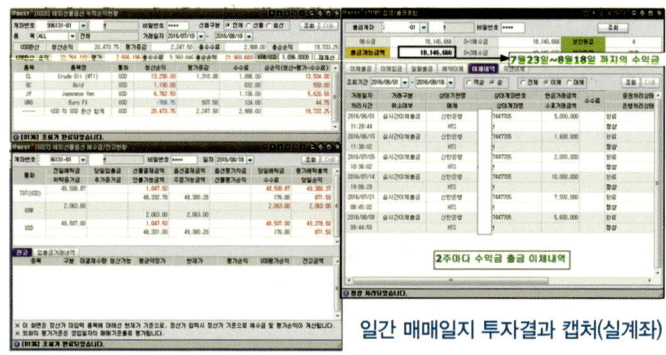

일간 매매일지 투자결과 캡처(실계좌)

　투자에 대한 결과가 매매결과에 비해 현저히 못 미치거나 오히려 손실인 경우가 흔하게 나타나는 게 현실이지만, 대부분이 그냥 지나칠 뿐 좀처럼 그러한 원인을 파악해 보려는 노력이 부족합니다. 좀 더 이해하기 쉽게 투자와 매매의 경계를 결론지어 정의한다면 투자는 정보에 의한 예측과 가정을 통해 이루어지는 것이고, 그러한 과정을 흔히 기본적 분석을 통한 투자라 말하곤 합니다.

　하지만 전체 결과가 그런 것은 아니지만 대부분의 중장기 투자방법은 기업의 도덕적 해이와 더불어 갖가지 암투와 속임수로 점철된 투자처가 많은 것도 부인할 수 없는 대목입니다.

　매매란 무엇이기에 투자의 기초자산이 될까요?

매매 ➡ trading, 이미 선진국에서는 investment라는 단어보다는 trading(매매)이라는 단어가 각종 시스템트레이딩 회사들이나 증권가에서 일반적인 용어가 됐으며 이미 트렌드가 되어 가고 있습니다.

그렇다면 매매는 왜 투자에 비해 리스크가 작거나 없을 수 있는 것일까요?

그건 바로 초기분석에 대한 시간변수를 감안하지 않은 불안한 투자 행위보다는 현재 나타나고 있는 데이터를 통해 인공지능 방식의 데이터 활용으로, 상수와 변수가 정수화 되는 과정을 그대로 로직을 구성하여 매매 알고리즘을 구현하기 때문입니다. 이는 감정배제와 더불어 안정적인 매매결과로 귀결되고 그 결과들이 모여 충분한 투자의 기초 자산이 되는 것입니다.

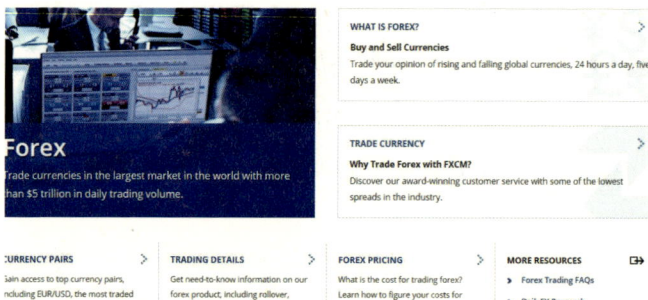

trading(매매) 단어가 주를 이루는 증권 사이트(외국 사이트 캡처)

이 대목에서 필자는 언제나 강한 어조로 주장하고 강의했던 내용으로 "백견이불여일행"을 꼽습니다. 그 어떤 금융상품에 투자하거나 매매를 할 때 100번 보고 듣는 것에 만족하지 말고 직접 경험하고 실행해본 투자와 매매의 실체와 결과만을 신뢰해야 한다는 뜻입니다.

지난 시간 반복적인 개인투자자들의 손실은 앞에서 설명한 대로 흔히들 말하는 '카더라통신'과 법률적 위반 사항인 내부자 정보거래, 그리고 주가조작 세력의 덫에 걸리는 현상 등, 욕심을 버리지 못한 모순적인 투자를 하기 때문입니다.

투자의 불편한 실체와는 달리 매매는 개인 소액투자자와 기관투자자를 비롯한 외국인투자자도 모두 똑같은 기본적 분석을 통한 각종 기술적 지표를 활용합니다. 그렇기 때문에 투자기간이 길지 않은 장점을 살리고 기존의 기술적 분석 자료들도 후행성지표들뿐인 공통된 상황에서 공론화될 수 없는 단점이 있고, 또 아직은 확실히 정의되지는 못했지만 현재까지는 변수와 상수의 정수화에 한 발짝 다가섰다고 자부하는 선행 지표를 통해, 기본적인 지난 데이터를 모듈로 분석하여 "~~일 때 ~~으로 변하고 ~~일 때 ~~이 된다"의 선행지표를 개발하는 데 이르렀다고 보고 있습니다.

 하지만 문제는 기술적 분석에 의한 예측이 아닌 정형화된 방식의 매매방법을 로직화 함으로써 매매자의 감정을 자연스럽게 배제시킬 수 있도록 훈련을 해야 합니다.

 예측하지 마라.
어제와 내일이 아닌 오늘에 집중하라!

시장참여자가 겪고 있는 공통의 문제는 기업의 성장성과 자신의 투자에 대해 지나치게 호의적인 결과를 예측하고 자신의 투자방향을 지나치게 믿는다는 점입니다. 나는 그 어떤 결과에 대해서도 예측해서는 안 된다고 충고하고 싶습니다.

누구나 지난 투자와 매매 결과에 집착을 하고 나오지

않은 결과에 과도한 기대를 하는 상황이 빚어지면, 현재 벌어지는 상황을 지켜보지 못하는 집중력 저하로 이어지고, 결국 투자 실패와 매매의 원칙과 기준을 정립하지 못한 채 시장에서 고립되고 맙니다. 이러한 문제를 해결하는 방법은 여러 가지가 있겠지만 필자는 단 한 문장으로 조언하고 싶습니다.

'지나간 어제의 결과를 버리고 지나친 내일의 결과에 대한 들뜬 마음보다는 현실을 직시하는 마음으로 오늘(지금)에 집중하는 게 절대적으로 중요한 마인드이다.'

그렇다면 지금부터 왜 '돈 벌려면 공부하지 말아야'하는지를 설명해보기로 하겠습니다.

우선 금융시장에는 많은 이가 저마다 주장하는 방식은 다르지만 금융시장에 대한 주관적인 이론을 제시하고 많은 투자자들에게 각기 다른 도움을 주기도 하고 민폐를 끼치기도 하는 게 현실입니다.

대부분의 전문가나 애널리스트들도 주식이나 그 외 금융상품에 투자하기 위해서는 많은 경제 관련 도서나 금융시장에 대한 지식을 많이 가질수록 유리하다고 전하기도 합니다. 물론 필자 역시도 기초적인 금융 상식이나 각종 경제 지표 정도는 관심을 갖는 것이 좋다고 늘 말합니다.

하지만 워낙 많은 전문가나 금융상품 연구원 등은 거시적 관점에서 바라보는 글로벌 또는 국내 경제 상황에 대한 분석의 차이가 극명하게 나뉘기 때문에 이에 대한 맹목적인 신뢰는 오히려 위험을 야기합니다. 물론 개인적인 성향에 따라 다르기는 하겠지만요.

만약 중장기적 성향을 가진 투자자들이라면 거시적 경제 상황을 알고 기업의 기본적 분석과 함께 성장성에 대한 고찰도 필수적이겠지만 그 역시도 많은 함정이 도사리고 있다고 역설하기도 합니다.

상장폐지된 경남기업, SSCP를 예로 도산기업에 대한 도표와 상장폐지 원인 등을 분석해 보겠습니다.

/ 경남기업 상장폐지 원인

경남기업은 2014 사업연도 감사보고서에서 '감사의견

거절'과 '자본 전액 잠식'이 확인됨에 따라 상장폐지가 결정됐습니다.

경남기업의 2013년 당기순손실은 4,084억 원, 2013년 3,109억 원을 기록한 후 적자가 누적되면서 자본총계가 마이너스 1,919억 원을 기록하여 상장폐지 됨.

/ 경남기업 상장폐지 전후 주가 흐름

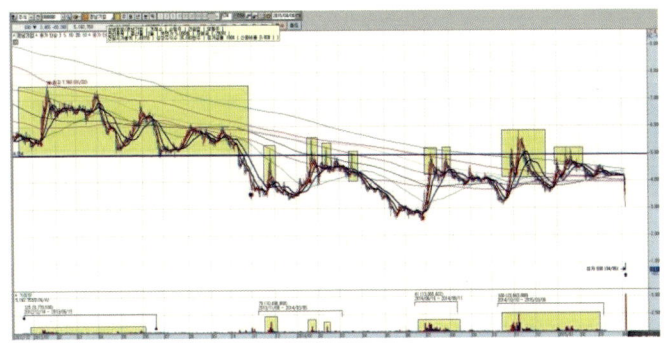

/ SSCP 상장폐지 원인

SSCP는 2012년 9월 18일 외환은행 반월공단지점에서 만기어음 11억 9,500만원을 결제하지 못해 최종부도 처리됐다고 공시했습니다. 이에 따라 한국거래소는 SSCP를 상장폐지키로 하고 2012년 9월 20~28일 정리매매 기간을 부여했습니다.

해당 회사는 분식회계 비리 혐의로 많은 소액 투자자들의 공분을 산 기업이기도 합니다.

/ SSCP 상장폐지 전후 주가 흐름

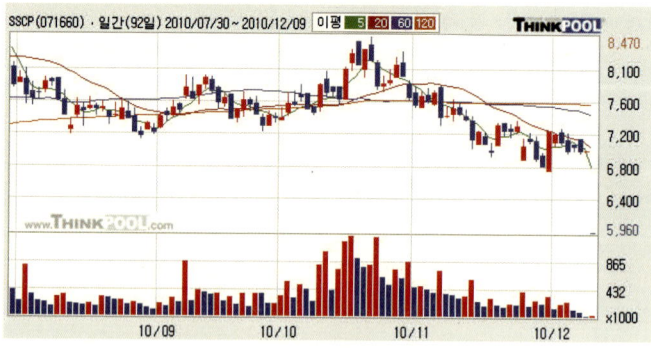

투자자라면 누구나 기업의 주식이 곧 기업 자체임을 알고는 있지만 과연 기업이 소액주주들에게 기업의 성장에 걸맞은 이익을 안겨주리라고는 생각하지 않습니다. 국내 시장의 현실이 이러다 보니 개인투자자들은 다양한 상품으로 선택의 폭이 넓으며 그들이 좋아하는 고변동성 시

장을 찾아 떠나고 있습니다. 그러나 더 심각한 문제는 정보와 환경에 뒤처져 있는 개인투자자들이 해외시장으로 자금과 눈길을 돌린다는 것 자체가 리스크일 수도 있다는 사실입니다.

증권사나 자문사들이 수익 모델을 찾지 못해 우왕좌왕하는 사이 투자자들은 소리 없이 시장을 빠져나가고 있으며 남은 투자자들조차도 흔들리고 있는데, 금융시장은 외국인들과 기관들에만 유효한 관련법 개정에 몰두하고 있다는 생각은 필자 혼자만의 생각은 아닐 것입니다.

1999년 자본시장법 개정 이후 몇 차례나 관련법 개정을 하였으나 본질인 개인투자자 보호에는 턱없이 못 미치거나 오히려 시장을 축소하는 결과만을 낳은 건 아닐까요? 이러한 국내 금융시장의 문제점이 기업의 도덕적인 문제를 만들어내고 그러한 문제의 희생양은 언제나 개인투자자들이었습니다.

앞서 말한 '백견이불여일행'처럼 이 책을 읽는 독자들은 이제부터 말로만 좋아질 거라는 막연한 기대에서 벗어나, 투자와 매매의 경계에 대해서 충분히 이해할 수 있는 근거를 제시할, 필자의 매매기법을 확인하여 안정적인 매매를 통하여 투자에 대한 기초자산을 만들 수 있기를 기대합니다. 나아가 듣고 보고 행하는 이 모든 것을 이 책 한 권으로 얻는 귀중한 기회가 되었으면 합니다.

금융시장을 공부하려 하지 말고 자신에 대해 공부하고 답습하여야 합니다.

우리는 흔히 성공한 사람들을 돈과 재력의 상태를 보고 판단하기가 일쑤입니다. 하지만 금융시장의 경우는 매우 다르다는 걸 느낄 때이면 이미 많은 것을 잃고 난 후이며, 그런 상황에 처했더라도 다시금 돈에 대한 미련을 가지며 더 가진 자들과 자신을 비교하기도 합니다.

이를테면 '나도 저만큼의 돈이 있다면 아주 쉽게 돈을 벌 수 있다'는 생각 등입니다. 이런 생각에 빠진 사람들은 주변에서 쉽게 찾아볼 수 있습니다. 하지만 실상과 본질은 매우 다르다는 것을 알기까지 매우 힘든 시간과 고통을 겪어야 하는 게 금융시장이라고 역설하고 싶습니다.

금융시장에서의 성공은 절대 결과를 얻은(돈을 번) 사람과 비교해서는 안 될 것입니다. 굳이 좋은 결과를 얻은 사람과의 비교분석을 통해 성공하려는 의지를 가졌다면 두 가지를 체크해볼 것을 추천합니다.

첫째는 성공한 투자자는 반드시 실패한 경험을 가졌기 때문일 것이며, 실패했을 당시 투자금의 크고 작음에 자신의 처지와 상대적인 접근성을 원망한 적이 없다는 사실입니다. 둘째는 실패나 손실의 원인을 오직 자신에게서 찾으려 노력했다는 공통적인 분모를 찾을 수 있습니다.

이러한 두 가지만이라도 깨우치고 우선 마인드를 정립할 것을 권합니다. 만약 필자의 주관적 소고와 생각이 다르다면, 최소한 당사 시스템과 교육방식에 상반되기 때문에 당사 프로그램과 교육은 추천하지 못할 것입니다.

금융시장은 반드시 '이기는 자와 지는 수익을 보는 자와 손실을 보는 자가 존재하는 제로-섬 게임과도 같은 전쟁터'라 말하기도 합니다. 지금껏 필자가 자주 들어온 말이 있습니다.

"누가 좋은 기술을 남에게 가르치고 같이 사용하려 하겠느냐?"

이런 말을 지금까지 수없이 들어왔으며 이 같은 말을 하는 사람들을 보면 언급하기 조심스러우나 99%가 실패한 투자자들이었습니다. 그들은 대체로 의심이 많으며 자신에 대한 믿음이 강하고 피해의식이 팽배한 상태이거나 사회에 대한 불신이 매우 큰 사람들이었습니다. 그들의 그런 생각에는 극히 작고 협소한 마인드를 가진 스스로의 기준만으로 거대한 금융시장과 사회를 바라보고 대하는 배경이 있다고 생각합니다.

그렇다면 성공투자자가 되려면 가장 먼저 무엇을 바꾸어야 할까요?

이미 글을 읽으면서 답을 찾은 분들도 있겠지만 좀 더 디테일하게 설명해보려 합니다.

이기고 싶다면 먼저 실패해봐야 합니다. 단, 리스크가 적은 실패를 권장합니다. 리스크가 적은 실패란 적은 학습비용과 시간을 투자하여 이기는 기술을 배우는 것입니다.

그렇다면 왜 '천천히'와 '열정'이 가장 중요한 성공투자자의 덕목인지를 알 수 있을 것이며 앞서 말한 "누가 좋은 기술을 남에게 가르치고 같이 사용하려 하겠느냐?"와 같은 늘 실패하는 사람들의 의심뿐인 질문의 답을 찾을 수 있을 것입니다.

 필자는 항상 시장을 매우 무서운 생물체라 생각합니다. 그런 생물체의 반복적인 행동과 무서운 돌발상황을 충분히 경험하여 깨달았습니다. 그런 깨달음으로 주의해야 할 것과 자신이 없는 매매 투자시간(기간)에는 반복적으로 얻은 학습효과를 기억하여, 반드시 피하는 원칙을 만드는 게 실패를 줄이고 성공확률을 높이는 유일한 방법임을 알았습니다.

 그래서 이 같은 원칙적인 데이터를 알고리즘으로 또는 인간이면 누구나 자신 없어 하는 욕심과 유혹으로부터 격리시킬 수 있는 시스템을 개발하였습니다.

 이에 대한 평가는 시장참여자들의 노력과 학습에 대한 몫으로 남겨두겠습니다.

투자 기초자산 만들기

아래의 20가지 항목을 충분히 학습하여 체화하는 것으로 성공투자자의 길이 열릴 것으로 확신하며 모든 항목을 자세히 확인하시길 바랍니다.

1. 투자와 매매를 하기 전에 기억해야 할 필수 조건: 반드시 행해야 하는 10가지
   ① 금융상품 투자는 직업이거나 사업 일부로 생각한다.
   ② 금융시장은 개인투자자들이 학습하는 곳이 아니라 오직 성공한 사람과 실패한 사람이 나누어지는 매우 위험한 전쟁터와 같다.
   ③ 지금 하고 있는 투자가 가정의 생계를 좌우해선 안 된다.

④ 가장 중요한 기초 자산인 바른 매매 마인드와 매매 방법을 가지고 있는지를 확인한다.
⑤ 금융상품의 가치는 언제나 유동성을 갖는다.
⑥ 성공하는 투자는 매매가 이루어지지 않을 때가 항상 출발점이 된다.
⑦ 레버리지를 즐기려 하지 말고 반복적인 수익을 즐겨라.
⑧ 남의 말에 귀가 열리면 투자를 멈출 시기임을 알아야 한다.
⑨ 투자유형을 지키는 것은 병에 걸리지 않을 수 있는 유일한 예방책이다.
⑩ 자신이 수익을 내려 하지 않고 손실을 두려워하지 않는지를 매일 체크하라.

2. 투자와 매매를 하기 전에 절대 가지지 말아야 할 생각(자신에게 확인)

① 투자와 매매를 할 때 결과는 자기 자신의 기술에 달려있다고 믿는다.
② 투자와 매매는 언제나 인생역전을 이룰 수 있는 도전이다.

③ 이전에 수익이 난 경우는 자신이 기술력이 있었기 때문이라 믿는다.
④ 손실이 깊어질수록 수익을 볼 수 있는 확률이 높아질 거라 믿는다.
⑤ 지금까지 손실을 본 것은 시장을 배우고 앞으로 수익이 나기 위한 과정이라 생각한다.
⑥ 매번 손실 때마다 해당 투자나 매매에 대한 정보나 학습이 부족했다고 믿는다.
⑦ 투자금이 많을수록 수익을 만들 가능성이 커진다고 믿는다.
⑧ 엄청난 수익을 만들었다가 다시 손실을 본 이유는 금융정책이나 타인에 의해 야기되었다고 믿는다.
⑨ 언젠가 때가 오면 대박에 가까운 수익을 만들 수 있을 것으로 믿으며 투자를 지속한다.
⑩ 나는 언제나 나 자신만을 믿고 시장은 항상 나를 노리고 있다고 믿는다.

위의 20가지 기억해야 할 필수항목은 필자 나름의 주관적 경험을 토대로 금융시장에서 필요한 마인드와 투자습관을 갖추는 데 필수 항목이라 판단한 것입니다. 이 외에 시장에 명언으로 남아 있는 투자 참고 사항들도 확인하는 것이 좋을 것입니다.

금융상품에 대한 것은 쉽게 가르칠 수 없기 때문에 가급적 스스로 체험하고 살아남기 위해 투자 또는 매매기간에는 특히 집중하여야 합니다.

금융상품 투자에서 지금까지 필자가 써왔던 유용한 표현은 다음과 같은 것들입니다.
'혹여라도', '요컨대', '아마도', '가능하다면', '어쩌면', '그럼에도 불구하고', '~일지라도', '제 생각에는', '하지만', '일 것 같습니다'등등. 모두 제한성을 둔 단어들이고 표현이었습니다.

그 이유는 아마도 불확실성에 대한 필요 이상의 확신과 기대 이하의 참혹한 결과를 여러 번 경험했기 때문이기도 하지만, 이렇듯 누구라도 예측을 절대 쉽게 해서는 안 될 부분이라 판단하기 때문입니다.

금융시장에서 성공한 투자자라 해서 객관적으로 스마트하거나 똑똑하다고는 정의할 수는 없습니다. 아무리 바보처럼 여겨지는 사람이라 할지라도 때로는 그에게서 금융상품 매매나 투자에 적합한 알고리즘과 매매방법을 배울 수 있으며, 실제로 실제 그런 인물도 존재합니다.

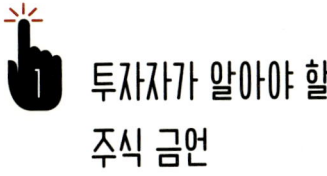

투자자가 알아야 할 주식 금언

- 사람에게 필요한 것은 큰 자본이 아니라 지금 쓸 수 있는 돈이다. 그래서 어떤 사람은 큰 재산보다 주머니 속의 돈을 더 소중히 여긴다.

- 돈이 많은 사람이지만 물려받은 재산이어서 재산 증식 필요성이 없는 사람은 그래도 '부자'또는 '금수저'소리를 듣는다. 하지만 재산도 없고 재산증식이나 성공을 위한 노력조차 하지 않는 사람은 언제나 한심한 '바보'소리만 듣게 된다

- 시장에서는 흔히 '금융 전문가'라고 불리는 사람들이 존재한다. 그들이 그와 같은 대우를 받는 것은

내일 주식의 방향이 어떻게 될지 예측을 잘하기 때문이 아니고 어제 주식이 어땠는지 잘 알기 때문이다. 더 훌륭한 전문가라면 질문에 답하기보다는 현재에 집중해야 한다.

대부분 사람들이 어제의 결과와 오늘 현재의 흐름도 제대로 모르는 경우가 대부분이기 때문에 그 정도 알고 있는 것만으로도 전문가로 불리고 대단하게 여겨지는 것이며, 절대 좋은 전문가는 미래를 예측하는 행위보다는 ~~~였기 때문에 지금의 ~~~이 향후 ~~~일 가능성을 충분히 답습하는 행동만을 반복할 것이다.

◆ 투자 상품이나 각종 펀드에 사람들의 관심이 집중될 때면 그것은 아마도 해당 상품이나 펀드의 방향이 전환될 가능성이 매우 높은 것이고, 이러한 과정을 수없이 반복적으로 겪었음에도 아직도 관심을 가지는 투자자라면 시장의 초보투자자 이거나 욕심으로 가득 찬 그릇된 바보 투자자일 것이다.

◆ 개인투자자들에게는 그들이 실제로 원하는 것만 조

언해 주는 것이 좋다. 믿기 힘든 이익을 보장하거나 약속하면 항상 기대치보다 못한 결과에 실망하고 가르침을 주려던 사람에게 실망감이 커질 뿐이기 때문이다. 하지만 작은 수익과 긴 시간을 약속하면 눈을 돌려 독버섯과도 같은 화려한 곳으로 발길을 돌린다.

◆ 가장 현명한 개인투자자는 깊게 생각하고 가상의 결과를 여러 번 도출한 후 행동에 옮기는 자이며 어리석은 바보는 행동에 옮긴 후 깊게 생각하는 습관을 가진다.
가장 어리석은 투자자는 수익과 손실의 원인을 모르면서 지속적인 투자를 감행하는 사람이며 자신에 대한 신뢰가 커지는 것을 자랑삼는다.

◆ 투자자의 가장 큰 즐거움은 '수익'이며 투자자의 가장 큰 고민은 '손실'이지만 수익과 손실의 경계를 알지 못하는 투자자는 도박의 쾌감만을 즐기는 바보이다. 손실의 원인을 파악할 수 있는 투자자라면 어쩌다의 수익보다는 계획된 수익을 만들 수 있는 기

술을 터득하기 때문이다.

◆ 전문가와 개인투자자의 차이점은 크게 두 가지로 나눌 수 있다.
첫째는 전문가는 투자를 실제 하지 않기 때문에 결과에 대해서 분석 또는 복기를 할 수 있으나 투자자라면 적어도 한 번쯤은 결정적인 순간에 비법이 번쩍 떠오르는 경험을 했음에도 그 비법을 사용하기보다는 서둘러 반복 투자만을 고집한다. 둘째는 투자 결과에 대한 신뢰가 서로 극명하게 갈린다.

◆ 투자란 작은 파동의 좋은 매매 결과가 연속적으로 일어날 때 점차적으로 기본석 분석이 가능한(단기, 중기, 장기) 투자로 이어질 수 있을 것이지만 대세 상승을 예측한 투자는 거의 90%가 실패를 경험한다.

◆ 가장 안정된 투자란 최소한의 기본적, 기술적 분석으로 도출된 최소한의 수익을 목표하여 얻는 최대한의 수익을 만드는 투자를 일컫는다. 원가의 두 배의 이득을 보면, 사람들은 지나친 폭리를 취했다고 하지만 주식 투자자가 주식을 팔아 두 배의 시세차

익을 얻는 것은 매우 정상적이라고 생각하는 이치를 뒤집어 생각하면 투자와 매매의 차이점을 알 수 있다.

◆ 개인투자자들이 가장 기억에 남는 손실은 충분히 예감했던 것임에도 불구하고 엄청난 실수를 반복적으로 저지른 후 텅 비어 있는 계좌를 발견할 때이다. 이런 일은 지금의 시장에서 수없이 반복적으로 일어나고 있으며, 그 원인은 남의 말에 현혹되거나 오늘 현재를 바로 보지 못하고 어제의 결과와 내일의 기대만을 생각한 것, 오직 두 가지뿐이다.

2 올바른 투자 마인드를 고취하라

투자 마인드를 바르게 고취하기 위한 학습이 투자와 매매에 어떤 영향을 미치는지를, 누구보다도 많은 경험을 통해 극소수의 성공한 투자자와 참혹한 결과를 자아낸 투자자들을 예를 들어 되짚어보겠습니다.

2015년 8월 중순인 어느 날, 필자는 지금까지도 가슴이 아파오는 이별을 경험하게 됩니다. 우연히 시장참여자의 한사람으로 알게 된 Y씨와 두 번 다시 만날 수 없는 이승에서의 이별을 영정 사진과 함께 맞이하게 되었습니다.

Y씨를 알게 된 것은 2015년 초쯤이었습니다. 국내시장에는 아직도 불모지에 가까운 시스템트레이딩과 자동매매프로그램을 개발 중이던 필자는 그동안 너무나 많이

의도적인 손실과 수익을 발생시키며 얻은 '눈사람매매법' '1·2·3매매법칙' '배주봉매매법' 등을 알고리즘으로 정수화하여 '주식 자동매매프로그램' '선물옵션 자동매매프로그램'을 AI기능까지 탑재하여 개발하기에 이르렀습니다.

주식 자동매매프로그램은 개발하여 특허를 출원하고 케이블 방송에까지 소개되어 꽤 많은 시장의 관심을 2013년부터 받아온 터라 필자의 강의에는 많은 사람들이 찾아와 주었습니다. 서울 강남 한복판에 있는 보험회사 부소장으로 재직 중이었던 앞길이 창창한 Y씨도 그중 한 명 이였습니다.

Y씨는 동그라미 네 개짜리 비싼 외제 차를 몰고 와 같이 강의를 들었던 사람들과도 서슴없이 어울리며 자동매매프로그램에 대한 깊은 관심을 보였습니다. 그는 당시 필자가 근무하던 지금의 (주)엔에스글로벌 대표이사께 입사를 수없이 요청하였고 마침내 유료회원에서 시스템 개발회사 직원으로 함께하게 되었습니다. 그 당시 나에게 비친 Y씨는 순수한 열정과 성공에 대한 의지가 매우 돋보이고 빛이 났었습니다.

그는 언제나 두 시간이 넘는 출근 거리를 새벽부터 달려 누구보다도 일찍 출근했고, 단 한 번의 결근도 없이 잘 적응해 주었습니다. 매일 아침 출근 전에 메신저로 올려주는 하루하루의 각오와 의지가 담긴 글귀는 모두에게 기분 좋은 아침을 열어 주었으며, 매일 아침 임직원 모두 글귀를 기다릴 정도였습니다.

"무서울 정도로 신호가 정확합니다. 지금까지 왜 손 매매를 했는지 후회가 됩니다. 투자와 매매보다는 이 회사 시스템을 시장에 바르게 알리는 업무를 하고 싶습니다."

그는 이런 말을 수없이 임직원들에게 하며 희망적인 하루하루를 보내던 그가 8월 어느 날 출근을 하지 않았습니다.

나는 불길한 느낌으로 그의 아내를 통해 경찰서 등에 신고하도록 했습니다. 그날 퇴근길에 나는 그의 아내와 통화를 통해 그가 자신의 집 주차장에서 넥타이로 목을 매 모질게도 이승과 이별을 고했다는 소식을 들어야 했습니다.

그 당시 믿을 수 없는 상황에 곧바로 달려간 분당의 장

레식장에서 고인의 3살배기 아들의 웃음소리와 해맑게 웃고 있는 Y씨의 영정 사진을 보며, 또 한번의 인간의 욕심이 불러온 참극이라는 생각이 들었습니다.

그 당시 그가 처가와 아내의 자금까지 도용하여 당사 프로그램의 신호가 아닌 직접적인 신호를 본 뒤, 임직원 누구도 눈치채지 못하게 자신의 대여계좌(불법회사)로 매매를 해왔다는 것을 나중에 고인의 컴퓨터를 정리하던 중에 발견하였습니다. 그 손실금은 사람의 목숨을 앗아 갈 정도가 아닌 고작 3천만원 내외였습니다.

결국 고인의 목숨을 앗아간 것은 고인이 선택한 고립된 방에서 만들어진 욕심과 서두름이었고 그것을 자극한 것은 아마도 누적된 가족과의 갈등이 아니었을까? 생각해 봅니다.

필자는 당사에서 개발한 자동매매시스템이 모두에게 다 이로운 것만은 아니라는 생각에 한동안 시스템 개발을 멈추고 강의도 그 어떤 일도 하지 못했습니다.

'조금 더 참고 기다렸어야지… 왜 쉬운 길을 두고 어려운 고립의 방에 스스로를 가두고 힘겹게 시간을 보냈을까?'

아무리 물어봐도 그는 "오늘도 희망찬 하루를 시작합니다!"라는 마지막 메신저 글만을 남겨두고 떠난 뒤였습니다.

확실하게 시작하시길 바랍니다!
누구나 성공을 꿈꾸지만 아무나 성공하지는 못합니다. 먼저 성공하려는 목적이 무엇인지를 분명히 해야 할 것이고 그러한 목적이 정당한 것이며, 또 그러기 위해 꼭 해야 할 것은 무엇인지를 확실히 정하고 시작해야 합니다. 금융시장은 누구나 알고 있듯이 전쟁터와 다름없는 냉정하고 세상에서 가장 무서운 시장(MARKET)이기 때문입니다.

그런 무서운 시장을 이기는 방법을 아무리 많이 안다 해도 기본적인 마인드가 체화되어 있지 않다면 결국 투자의 방법도 모르는 바른 마인드의 누군가에게 모든 것을 빼앗기는 수모를 겪게 될 것이라고 조언하고 싶습니다.

투자의 시작은 가장 작은 파동의 매매를 성공시키는 데서 출발해야 성공의 초석이 될 것입니다! 또 그런 기본기를 잘 익혀서 처음이건 마지막이건 중요한 기회를 잘 찾아 자신의 것으로 만들 줄 알아야 합니다.

단순한 예측이 아닌 반복적인 변수나 상수의 정수화 과정을 통해 분명하고도 높은 성공률이 확증된 알고리즘으로 정립한 선행신호를 통해, 작은 파동부터 큰 파동에 이르기까지 안정된 매매 성공률이 누구라도 바르게 몸에 체화할 수 있다면, 아래에 기술할 "눈사람매매법"과 선행 알고리즘을 통한 선행지표나 신호는 놀라운 것에 지나지 않고, 성공투자에 분명히 크고 작은 역할을 할 것이라고 자신해 봅니다.

3 기회를 기회로 활용하라

우리는 늘 어떤 분야를 막론하고 성공을 위해서 하루하루를 열심히 노력하며 살고 있습니다. 금융시장에서는 그러한 각축이 특히 두드러지게 나타나고 있으며 때로는 낙오되는 사람들과 성공하는 사람들 사이에서 힘겹게 방황하기도 합니다.

성공의 의미와 크기가 어떠하든 간에 분명한 건 기회를 바로 알고 그 기회를 잡은 사람만이 성공이라는 산물의 실체를 맛볼 수 있습니다. 기회를 기회로 활용할 줄 모르는 어리석은 패배자가 되어서는 안 될 것입니다.

다시 한번 긴 호흡을 통해 당신이 기회를 잡는 사람이 될 것인지? 아니면 기회를 외면하여 지금의 시간을 그리워하는 실패자가 될 것인지를 잘 생각해 보길 바랍니다.

"고등학교 동창인 친구는 운이 좋게도 가족의 도움으로 나보다 못한 스킬과 경력으로도 증권가에서 고연봉을 받는 성공한 전문가가 되었지만, 나의 가족들은 아무런 도움이 되지 못하고 오히려 나에게 항상 생활비를 기다리는 궁핍한 처지라서 나는 도대체 기회를 잡을 수가 없다."

이러한 궁핍한 핑계와 부정적인 생각으로 기회를 놓쳐 버리는 패배자들이 되어서는 안 됩니다. 만약 부정적인 사고가 연속된다면 당신은 영원히 기회의 문을 닫아 버리는 꼴에 처하고 말 것이며, 두 번 다시 기회를 알아보지 못하는 극단적인 편견을 갖게 될 것입니다.

기회는 누구에게나 공평하게 다가갑니다. 자신이 처해 있는 환경을 핑계로 당신 옆에 다가선 기회를 외면하는 어리석은 결과를 만들어선 안 될 것입니다.

'나의 눈을 멀게 하고 나의 귀를 듣지 못하게 하는 것'이 무엇인지를 생각해 봐야 할 것입니다. 그것은 아마도 전혀 준비하지 못한 채 다가온 기회를 욕심이라는 막연한 예측으로 남들이 하는 대로 잠시도 버티지 못할 남의 돈을 빌려 주식을 사고 대박을 꿈꾸는 성급함입니다.

숱한 고통을 감수하고 기다린 끝에 마침내 기회를 얻어 성공한 사람을 우리는 겉모습만 보고 시기하고 질투합니다. 바로 이런 마인드가 자신의 기회를 놓치게 하고 조급함을 가지게 하면서 눈을 멀게 하고 귀를 막게 합니다.

바른 마인드가 고쳐되었을 때는 얼마만큼 언제까지 그 열정을 가지고 도전할 수 있는지도 스스로 질문해 보시길 바랍니다.

지금 이 시간에도 금융투자에 열을 올리고 있는 국내시장의 개인투자자들과 나와 함께 같은 곳을 바라보는 분들께 좋은 글이 있어 전합니다.

예전 서부시대의 이야기이며 언젠가 한 번쯤은 들어봤을 수도 있습니다.

한 젊은이가 자신의 숙부와 함께 금광을 찾겠다는 일념으로 서부로 향했고 그들은 곧 금맥을 찾아냈습니다. 그들은 기뻐하고 환희에 차서 다시 고향으로 내려가 주위 사람들로부터 자금을 빌려 착암기 등 각종 장비를 갖추고, 그들이 발견한 금광을 다시 찾아 이내 다량의 금을 채굴합니다.

그 금은 콜로라도에서 최고의 금으로 인정받을 만큼 뛰어났고 그들은 큰 수익을 냈습니다. 하지만 그들은 거기에 만족하지 못했습니다. 더 많은 금맥이 있다는 확신을 하고 사람들을 모으고 장비를 더욱 늘려 갔습니다.

하지만 어느 날 금맥이 끊어졌고 수없이 많은 날을 금맥을 찾으려 애써 봤지만, 더 이상 금은 나오지 않았습니다. 그들은 밀린 임금에 힘겨워하다가 결국 모든 장비를 고물상에 내다 팔며 금맥 찾기를 포기하고 고향으로 낙향하였습니다.

헐값에 장비를 인수한 콜로라도의 고물상 주인은 혹시나 하는 마음으로 단층과 지질을 잘 아는 전문가를 데리고 그 광산을 다시 찾았습니다. 그들은 그 젊은이와 숙부가 금맥 찾기를 포기한 이유를 알아냈습니다.

안타깝게도 그들은 금맥을 겨우 1미터 남겨두고 단층에 대한 지식이 부족한 탓에 포기하고 말았던 것입니다. 금맥을 찾은 고물상 주인은 수백만 달러어치의 금광석을 캐내 순식간에 엄청난 갑부가 되었습니다.

포기한 사람은 성급한 단념으로 수백만 달러어치의 금광석을 캐낼 기회를 잃어버렸고, 동시에 언제나 기회를 소중히 여긴 한 사람은 그 기회를 놓치지 않아 성공하였다는 이야기입니다.

어떤 일을 시도하거나 중단할 때 우리는 주위에서 '안된다(NO)'는 말을 자주 듣곤 합니다. 하지만 NO를 뒤집어 보세요. ON이 될 것이고 이것이 바로 역발상의 시작이며 전진을 의미하고 추진을 의미하기도 합니다.

당신이 성공의 기회를 잡기 위해서는 언제나 전진을 외치며 나아가야 할 것이고, '중단'은 더 이상의 기회를 포기하는 것이므로 인내와 열정에 대해 다시 한번 생각해야 할 것입니다.

 중단이라는 단어에는 기회의 뜻은 전혀 들어 있지 않고 전진(ON) 속에는 기회의 문을 열리게 하는 비법이 숨어 있다는 사실을 잊어서는 안 될 것입니다. 우리가 모두 함께 나아갈 때 무모한 시간을 낭비하기보다는 더욱 전문화된 기술력을 바탕으로 끊임없이 노력한다면 위에 나오는 부귀영화보다 더욱 소중하고 값진 성공을 만날 수 있습니다.
 필자는 오늘도 새로운 금융시장의 패러다임을 바꿀 수 있다는 신념으로 열심히 금맥을 찾아 밤을 지새우고 있습니다.

 마음속으로 성공투자자를 꿈꾸지 말고 몸이 힘들고 마음이 즐거운 그 어떤 일에서 당신의 열정을 찾아야 합니다. 아무것도 없다 하지 말고 당신이 가진 것에서 기회를 찾아야 할 것이고, 당신이 가진 것 속에서도 금전보다는 언제나 새롭게 발견되는, 당신이 보고 느끼는 정보 속에서 기회를 찾는다면, 그 기회는 허상이 아닌 성공의 문이 될 것입니다.

찾아온 기회를 성공으로 이끄는 방법은 기회를 충분히 믿고, 작은 계획을 통해 하나씩 실천해 나가는 열정이 뒷받침되어야 하며 그 첫걸음은 아마도 신뢰라는 기다림일 것입니다.

그런 기다림의 결과를 보여주는 종목을 하나 살펴보겠습니다. 바로 삼화콘덴서입니다.

해당 종목은 영업이익 감소, 실적 부진으로 인해 지속 저점을 형성하였으나 2015년 11월, 12월 실적 개선 및 중국 수출로 인한 호재 뉴스로 인해 약 저점 대비 200% 상승하는 상승률을 보였습니다.

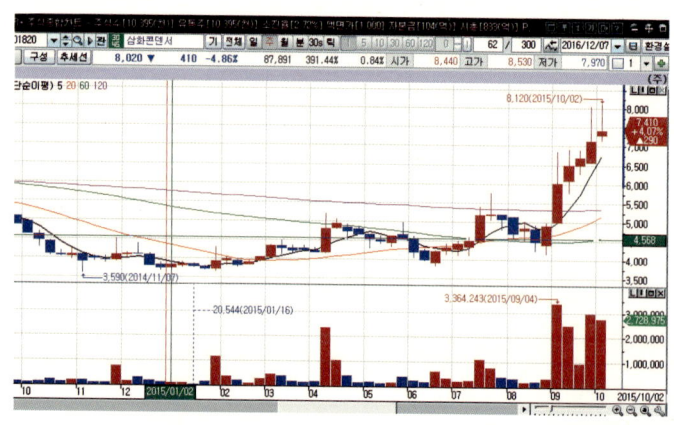

삼화콘덴서 주봉

신뢰란 10%를 믿는 것이나 99%를 믿는 것 모두 전혀 믿지 않는 것과 크게 다르지 않습니다. 100%의 믿음이 없다면 그 어떤 논리나 가르침도 따르지 않는 것이 좋으며, 무언가에 신뢰를 가지려면 듣고 보는 것에만 의존하지 말고, 직접 행한 사실과 결과만을 신뢰할 수 있어야 합니다.

이제 당신은 금융시장에서 가장 중요하면서도 쉬운 기회를 경험하게 될 것입니다.

그 첫 번째 기회의 이름은 바로 당신의 열정에 대한 신뢰이며 그렇게 당신에게 다가간 금융시장의 마지막 기회는 바로 시장을 '거꾸로'바라보는 것에서 시작될 것입니다.

이 말은 지금까지의 분석, 학습, 복기를 시장과 반대로 해보는 데서 출발합니다. 자 그럼 이제 당신이 알고 배워온 금융시장을 실패에서부터 거꾸로 거슬러 올라가 보기로 합니다.

버려야 할 것은 버려야 한다

'작심삼일'이라는 단어를 대하면 누구나 생각나는 후회가 있을 것입니다. 하지만 지금의 후회하는 그런 마음 역시도 당신이 버리지 못한 개인적인 욕심과 사고로 인해 아무런 성장도 이뤄내지 못한 채 또다시 '무용지물'이 되어 버릴 수도 있습니다.

이 같은 반복적인 현상은 금융시장 참여자들이라면 아마도 90% 이상이 겪고 있는 심각한 문제라고 생각합니다. 그렇다면 그런 악순환의 고리를 끊을 수는 없을까요? 물론 답은 '할 수 있습니다'입니다. 무엇보다 가장 중요한 것은 금융상품에 투자할 때처럼 투자성공(수익)과 투자실패(손실)에 따른 원인을 찾아내는 데서 문제 해결이 시작된다는 것을 아는 일입니다.

당신이 버려야 할 것은 당신이 가장 좋아하고 늘 지키려 하는 당신의 욕심과 편안함이며, 그러한 감정이입 과정을 통째로 버려야 하는 일은 매우 힘들고 때로는 그에 따르는 고통도 감내해야 합니다.

금융투자자에게 감정 이입만큼 나쁜 습관은 없다고 항상 강의에서 말하곤 합니다. 얼마 전 세기의 대결이라 말하는 미래를 대표한 컴퓨터인 '알파고'와 인간을 대표하여 이세돌 프로 바둑기사와의 대결이 있었습니다. 사실 인간이 매우 불리한 상황에서 치러진 대국이기는 하지만 우리는 모두 알파고 의 놀라운 대응에 경악했습니다.

필자가 주장 하는 부분이 바로 이 대결에서 극명하게 드러났습니다. 성공투자자의 자질 중에서 가장 중요한 기

본은 옳은 결과에 대한 순응과 반복적인 학습입니다. 반복적인 학습은 그 어떤 결정도 감정이입이 아닌 바른 습관으로 체화된 행위를 통한 결과만을 도출하기 때문입니다. 바로 강점을 배제하는 것! 감정을 버리는 것, 그것이 바로 감정배제이며 당신이 성공투자자가 되기 위해 최우선으로 버려야 할 것입니다.

금융투자는 결국 게임과 같습니다. 반복적인 바른 습관이 체화되어 있는 사람은 흔히 말하는 시장 전체(숲)를 보지 않더라도 자신이 100% 믿고 신뢰하는 바른 매매방법이 있는 한 절대 지지 않는 매매를 통해 성공투자의 길로 나아갑니다. 인간은 욕심이라는 감정을 결코 버릴 수가 없을 것입니다. 하지만 당신이 금융시장에 머무르는 순간만큼은 감정 배제를 통해 버릴 수 없는 욕심을 잠시 잊을 수 있도록 학습하는 것만이 당신을 성공투자자의 길로 이끌 것입니다.

지금까지 우리는 시장에서 수많은 지표를 배웠고 그러한 지표를 바라보고 대입하는 것 역시도 모두가 다른 이해와 결과를 낳았습니다.

　이를테면 어떤 투자자는 다우이론을 신뢰하여 중장기 투자 종목을 고를 때 대세 상승장과 하락장을 염두에 두고 투자 시기를 찾고 기다렸다가 수년 만에 결국 큰 손실을 보고서야 청산을 하였습니다. 하지만 그가 청산한 시점이 바로 대세 상승장이 시작되는 시점이었고, 이를 뒤늦게 깨달았지만 그 역시도 큰 손실 앞에 학습 자료로는 삼지 못했습니다.

　이런 경험담은 아마도 이 글을 읽는 금융시장 참여자라면 누구나 많이 들어봤을 것입니다.

그렇다면 그린빌 이론은 어땠을까요?

지면을 아끼자는 측면보다는 시장을 거꾸로 다시 배워 간다는 본서의 중점적인 방향에 맞추어 수백 수천의 많은 지표들을 일일이 거론하는 우를 범하지는 않겠습니다. 하지만 대응해야 하는 기본 논리로 출발한 파동이론에 대해서는 잠시 언급하고, 투자와 매매 그 어떤 것에도 중요하게 작용할 몇 가지 지표들을 간단하게 적어보겠습니다. 특히 대응매매를 일삼던 사람들의 엘리어트 파동이론은 많은 사람들에게 좋고 나쁨을 떠나 창의적인 매매법을 발견하는데 큰 영감을 주기도 했습니다.

필자가 그나마 어느 정도의 신뢰를 가지고 사용해봤던 OVB 지표와 MACD상충이론, 그리고 수많은 지표와 차트 수식들도 시장참여자라면 기술적 분석자료로 아마도 대입해 보고 사용해본 경험이 있을 것입니다. 그러나 왜? 개인투자자들의 이렇다 할 수익의 결과는 증권거래소의 데이터로 남아 있지 않단 말일까요?

일시적이긴 하지만 많은 이들이 위와 같은 각종 매매이론과 대입 지표로 인해 한두 번 아니 그 이상의 수익을 만든 경험은 있었을 것입니다. 하지만 결국 지속적이지 않은 결과 앞에 앞서 거론한 이론과 지표는 어찌 보면 보는 이에 따라서 완전한 후행성 이론이나 지표라고 할 수밖에 없습니다.

아래의 지표분석 자료를 통해 우리가 잘못 이해하고 있는 후행성지표의 한계성을 확인해보기로 하겠습니다.

우선 필자가 2015년 선행신호와 시장의 지표로 동시 적용하여 분석하고 추천을 드린 종목을 예를 들어 보겠습니다. 해당 종목은 한미약품과 코리아써키트이며 지표와 차트 분석에 대한 사용자의 이해도의 차이에 따라서 진입시점과 매도시점이 얼마나 다른지를 확인하실 수 있습니다.

/ 한미약품

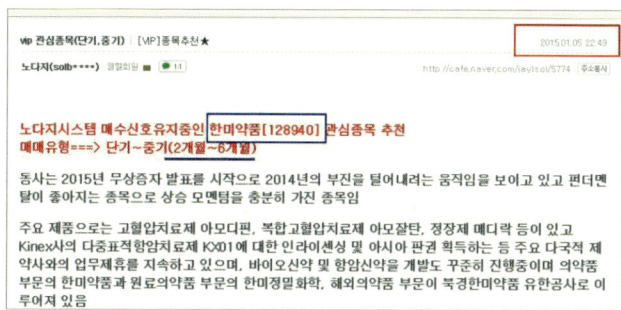

한미약품 차트 및 추천 글(일반투자자 진입시점, 필자 회원 진입시점)

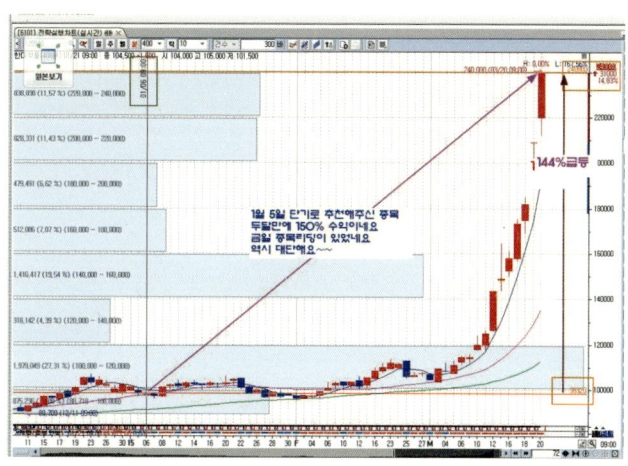

2015년 1월 5일 한미약품 추천 후 주가 흐름
1월 5일 단기로 추천한 종목, 두 달 만에 150% 수익

제4장 시장을 거스르다!

/ 코리아써키트

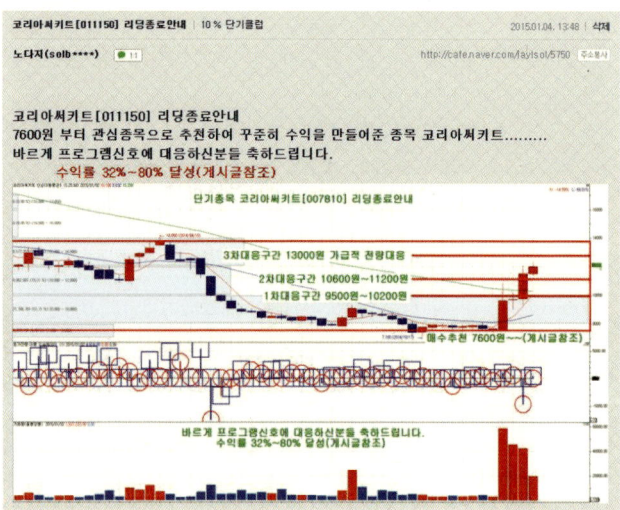

코리아써키트 차트 및 추천 글(일반투자자 진입시점, 필자 회원 진입시점)

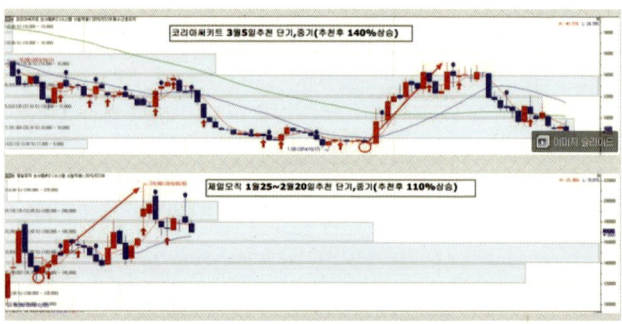

3월 5일 추천 종목으로 코리아 서키트, 제일모직 추천, 추천 후 110% 상승

/ 그 외 추천종목과 매도결과

2015년 2분기 종목 추천 매매결과, 5%~20% 수익, 대응결과 종목은 모두 6개월간 34개 종목.

가장 상승률을 많이 보여준 종목: 한미약품, 코리아 써키트, 제일모직, 파미셀, 아세아텍, 와이솔, cj씨푸드 외 13종목(NS글로벌 네이버 카페 VIP 종목 추천결과에서 확인 가능)

지난 2분기 동안의 주식 종목 추천과 매매결과 | VIP추천결과확인   2015.07.26. 11:59 | 삭제

nodazi(noda****)   http://cafe.naver.com/faytsol/9806

2015년 지난 2분기 동안의 주식 종목 추천과 매매결과

국내시장 최고라 자부 합니다. 만약 아래의 추천종목과 리딩 결과는 1% 의 거짓이 없으며 모두 게시글로 남아 있음을 밝힙니다. 이와같은 바른 종목의 분석으로 정확한 매매 시점을 말할수 있는것은 오직 "노다지시스템" 뿐임을 확고히 합니다.

또한 5%~20% 의 수익 대응결과의 종목은 모두 6개월간 34개 종목이며 고수익 결과만을 캡쳐하여 알려드리고 추천 당시의 실제 분석과 근거합수 있는 추천 내용이 없음에도 오직 조작된 내용의 광고로 개인 투자자들을 유혹하고 추천 또는 분석 내용을 자유자재로 지워가며 시장을 어지럽히는 기타 싸이트와의 차이를 확인해 보시길 바라며 동시에 선물옵션의 선행 리딩과 프로그램의 진입에 대한 정확성 역시도 오프라인 강의를 통해 낱낱히 알려 드리겠습니다.

실시간 매매신호를 정확히 짚어주는곳은 오직 "노다지시스템"뿐입니다.

게시판 유,무료 추천종목 매매결과(60%이상경우)

한미약품,제일모직,코리아써키트,인토플렉스,파미셀,와이솔,CJ씨푸드 외 13종목

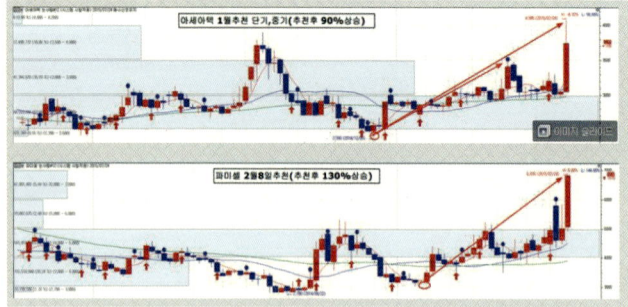

주식투자, 돈 벌려면 공부하지 마라

2015년 코스피 개인 상위 순매수 상위 10개 종목 수익률: −34.15%

노다지 종목 추천 결과 약 300% 이상 수익률 달성.

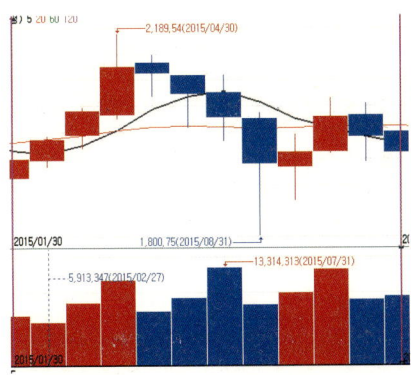

2015년 코스피 흐름

한 차례 상승 랠리를 이어갔으나 그마저도 개인들은 수익을 달성하지 못함.

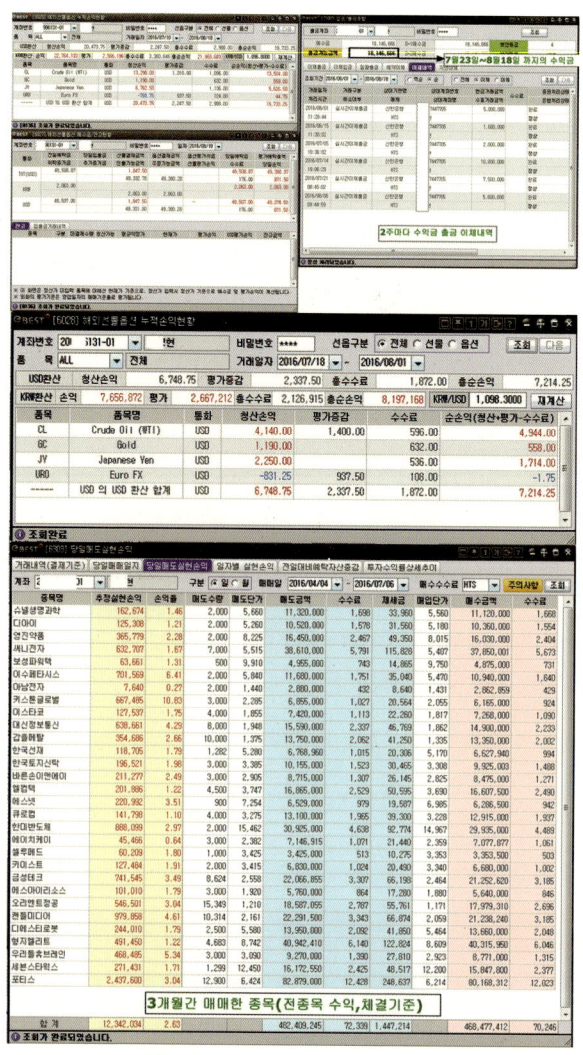

주식투자, 돈 벌려면 공부하지 마라

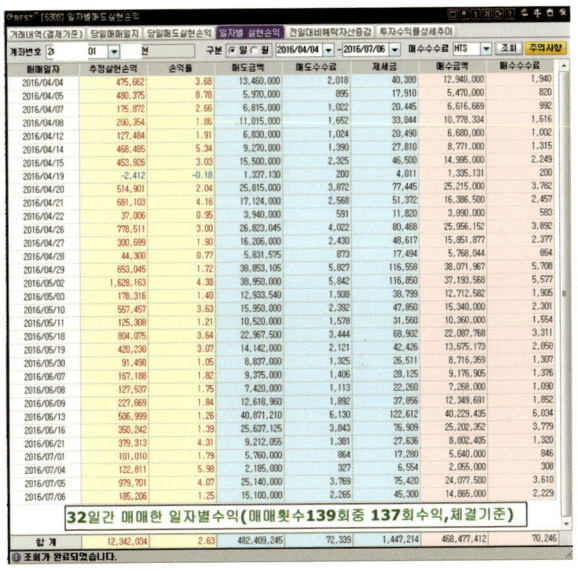

2016년 현재 진행 중인 시스템 매매 결과(카페에서 발췌)

    위의 매매결과를 보면 이 역시도 과거가 돼버린 후행성데이터라 생각하는 이들도 있을 것이고 그것 역시도 사실임을 다시 한번 확인하겠습니다. 그렇다면 투자자들에게 필요한 것은 과연 무엇일까요?

/ 후행성이론과 지표에 맞설 수 있는 선행이론과 지표

필자는 시장의 알고리즘 전문가들과는 달리 선행지표는 반드시 존재한다고 믿는 사람 중의 한 명입니다. 그런 만큼 시장에서 이리저리 떠도는 정립되지 않은 선행이론과 지표가 아닌 독자적으로 개발한 10여 개의 저작권을 특허출원하여 등록해 놓고 있습니다.

바로 (주)엔에스글로벌의 '주식 자동매매프로그램''선물 자동매매프로그램''해외선물옵션 자동매매프로그램'인 NST-5, NST-6, NST-7과 그 외 선행이론과 지표를 활용하여 AI기능을 탑재한 자동매매프로그램입니다. 이 프로그램들은 이 책의 출간과 맞춰 시장에 공표될 예정입니다.

이를 통해 그런 선행 알고리즘을 활용한 매매의 결과가 어떠한 결과를 만들 수 있으며, 왜 선행지표이고, 왜 시장의 후행성 지표와 극단적인 차이를 보이는지를, 보다 세밀하게 증명하고 이해시키려 합니다.

제5장

자동매매프로그램 소개와 사용법

1. NST-5 접속하기

NST 자동매매 프로그램 설치를 완료한 후 프로그램을 실행합니다.

로그인 창이 형성되면 http://www.ns-global.co.kr에 가입된 아이디 및 패스워드, 로그인 합니다.

회원 아이디로 로그인 후 본 프로그램이 실행되며, 자동으로 로그인 창이 팝업으로 생성됩니다. 이 때 로그인은 반드시 증권계좌 접속정보(증권아이디, 비밀번호, 공인인증서 등)로 로그인합니다.

• 로그인 버튼 클릭 시 로그인 팝업이 생성됩니다.

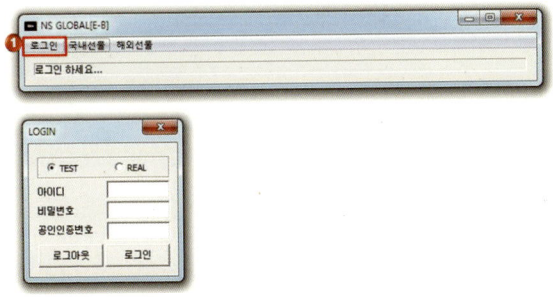

2. 증권 계좌 로그인

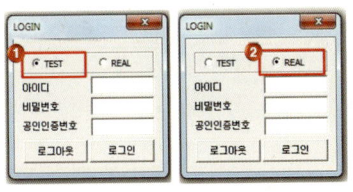

실계좌와 동일한 조건으로 모의계좌 테스트를 할 수 있게 설계되어 있기 때문에 안정감 있는(리스크 없이 사용

법 숙지 가능) 출발을 하실 수 있습니다.

증권계좌 로그인 창에서는 'TEST'와 'REAL'로 구분됩니다.

3. 로그인 성공, 로그인 실패, 프로그램 실행하기

• 로그인 성공

증권계좌로 로그인 성공 시 로그인 팝업창이 사라지고, 로그인 하단 메시지창에 "로그인 성공 시작 하세요."가 표시되며, 국내선물/해외선물 클릭 시 해당 상품 프로그램이 실행됩니다.

○ 반드시 정상접속 메시지 '로그인 성공 시작 하세요'를 확인 후 프로그램을 실행합니다.

① 국내선물 클릭 시 국내선물 프로그램이 실행됩니다.
② 해외선물 클릭 시 해외선물 프로그램이 실행됩니다.

- 로그인 실패(모의투자 계좌)

모의투자 증권 접속정보(아이디, 비밀번호)가 올바르게 입력되지 않았을 경우 위와 같이 오류 메시지가 표시됩니다.

   o 프로그램왼쪽 상단 '로그인' 클릭 후 정확한 접속정보를 입력해서 로그인합니다.

   o 프로그램 로그인 또한 증권 접속정보를 기반으로 로그인되므로 5회 이상 오류가 발생하지 않도록 주의합니다.

- 로그인 실패(실계좌)

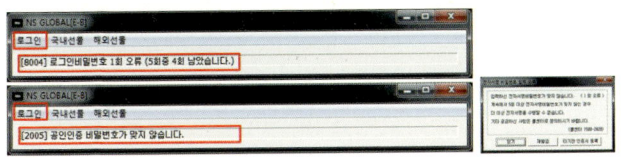

실계좌 증권 접속정보(아이디, 비밀번호, 공인인증서 비번)가 올바르게 입력되지 않았을 경우 위와 같이 로그인

비번 또는 공인인증서 비번 오류가 표시됩니다.

○ 프로그램 왼쪽 상단 '로그인'클릭 후 정확한 접속정보를 입력해서 로그인합니다.

○ 프로그램 로그인 또한 증권 접속정보를 기반으로 로그인되므로 5회 이상 오류가 발생하지 않도록 주의합니다.

4. 상품 코드 선택하기

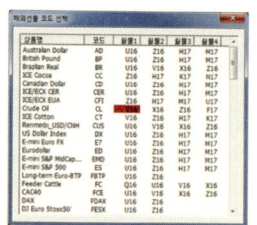
-해외선물 코드 선택 창-

※ 1번 클릭시 빨간색으로 변경되며 2번 클릭시 해당 상품으로 연결
※ 해외선물의 경우 해당 상품 코드 옆의 월물을 선택 후 클릭

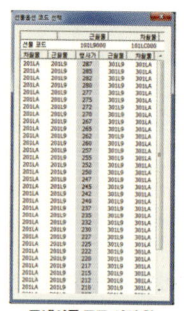
-국내선물 코드 선택 창-

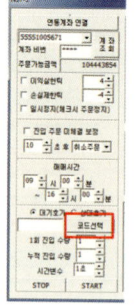

로그인이 완료된 후 국내선물 또는 해외선물 프로그램을 실행하고 프로그램 매매를 시작할 상품의 코드와 월물을 선택한 뒤 더블클릭 합니다. 그 후 코드 선택 버튼

왼쪽 빈칸에 해당 상품의 코드가 생성되며, 프로그램에서 해당 상품의 정보를 자동으로 인식시킵니다.

코드선택 버튼 클릭 시 해외선물의 경우 각종 상품 목록이 펼쳐지며, 월물 코드 선택 시 해당 상품 거래가 가능합니다.

원하는 상품(예, 근월물의 경우 101M3000') 상품 코드를 한번 클릭 시 빨간색 박스로 변하며, 최종 선택은 더블클릭으로 할 수 있습니다.

5. 매매 계좌 조회하기

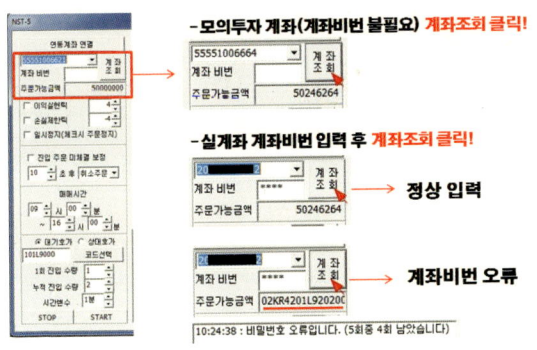

제5장 자동매매프로그램 소개와 사용법

이베스트 투자증권 계좌와 연동 시 해당 상품에 대한 계좌는 자동을 설정됩니다. 계좌를 선택하여 계좌 비밀번호를 입력(모의투자는 불필요.) 계좌 조회를 클릭하시면, 주문가능금액이 수신되어 자동 표시됩니다.

o 실계좌(증권계좌) 운영 시 계좌 비밀번호와 거래비밀번호 입력 필수
o 모의투자 계좌 운영 시 계좌 비밀번호 거래비밀번호 입력하지 않아도 사용 가능합니다.

6. 익절, 손절 기능

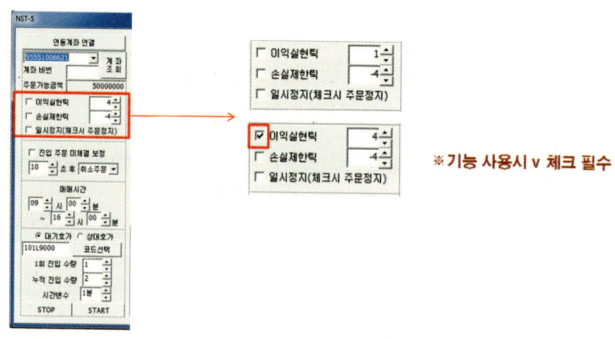

간단한 V체크 버튼 설정으로 익절과 손절의 틱 수를 선

택할 수 있습니다.

- ○ 권장 매뉴얼에 한해서 이익실현틱 조정 가능, 손실 제한틱 설정은 사용 시 제한되며, 이익실현틱만 사용할 것을 권장합니다.

  [예, 익절 4틱 조정 후 V체크 *0.05(0.2point 수익 청산 자동주문)]

- ○ v 체크를 하지 않을 시 해당 기능 적용이 되지 않으며, 청산은 프로그램상 수동주문기능 사용 해야합니다.(비권장 사항)

- ○ 권장사항 이익실현틱

  1분 이하~5분: 1~3틱

  9분~17분: 3~7틱

  33분이상: 무틱(권장사항 아님, 별도 교육 필요)

- ○ 기능 사용 시 v 체크 필수

7. 매매시간 설정 기능

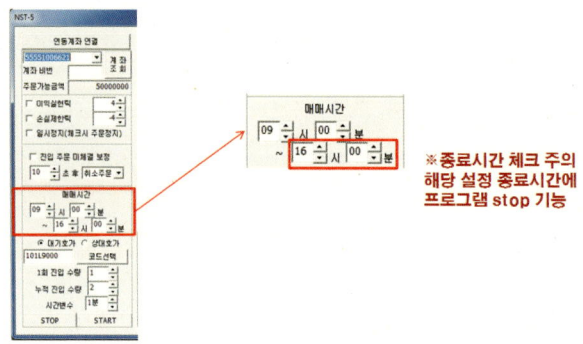

프로그램에서 매매시간을 사용자가 별도로 설정하여, 프로그램 구동을 해당 시간에 종료시킬 수 있는 기능이 포함되어있습니다.

종료시간을 사용자가 임의로 설정할 경우 설정한 종료시간에 자동으로 스탑되어 사용자가 원하는 시간에서 매매를 할 수 있게 하는 기능입니다.

8. 진입 주문 미체결 보정 설정 기능

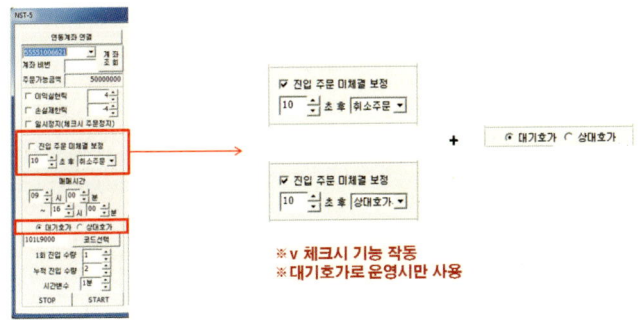

진입 주문 미체결 보정은 프로그램에서 발생시키는 매매신호(매수 또는 매도) 후 연동된 계좌에 주문을 전송하게 되는데 체결되지 않고 호가가 밀려 미체결 주문을 취소시켜 미체결된 주문이 남아있는 현상을 방지하는 기능입니다.

기능은 대기호가, 상대호가 주문 2가지 기능이 있습니다.

취소주문은 사용자가 설정한 해당 시간이 경과된 후 미체결 주문을 취소시켜 이후 신호와 다르게 진입하는 것을 방지하며, 상대호가 주문은 설정한 해당 시간이 경과된 후 미체결 주문을 상대호가(시장가)로 정정 주문을 전송하여 포지션을 진입시키는 기능입니다.

o 진입 주문 미체결 보정 기능 반드시 '대기호가'로 선택해서 운영할 경우에만 선택해서 사용합니다.

9. 대기호가/상대호가, 1회진입 수량/누적 진입 수량, 시간변수 설정 기능

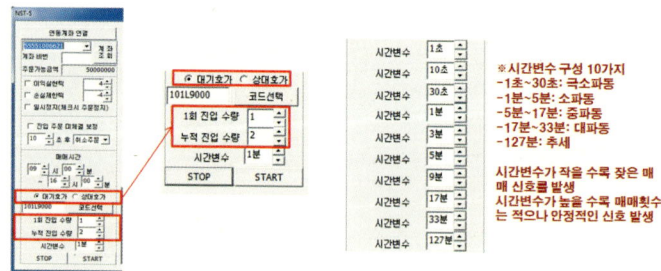

시간변수는 당사 프로그램 매매신호를 발생하는 알고리즘의 중요한 부분이며, '극소파동, 소파동, 중파동, 대파동'매매의 기준이 됩니다. (흔히 알고있는 스켈핑, 데이, 스윙, 추세의 범위로 생각하면 이해가 쉬우나 당사 프로그램 매매 사용 기준은 당일 매매를 기준으로 합니다.)

o 시간변수 구성(10가지): 1초, 10초, 30초(극소파동)/ 1분, 3분(소파동)/ 5분(소파동, 중파동)/ 9분(중파동)/ 17

분(중파동, 대파동) / 33분(대파동) / 127분 추세
- 시간변수가 작을수록 잦은 매매 횟수를 발생시키며 (급변동성에 강점), 시간변수가 클수록 매매횟수는 적으나 안정적인 매매 신호 발생.
- 서비스 이용 시 사용자가 신청한 상품 계약 수량을 준수해야 합니다.(서버 통제 기능) ➡ 1/2 계약상품, 2/4 계약상품, 3계약 이상 상품

10. 구동시작, 구동종료 기능

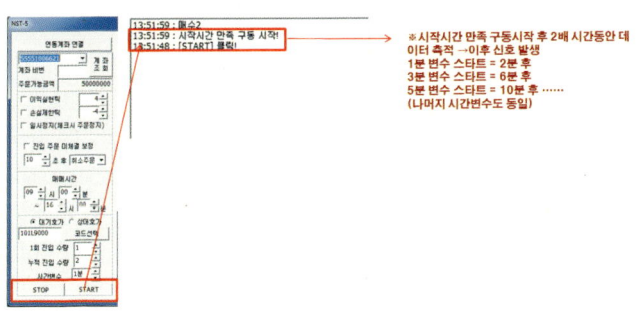

모든 매매 환경설정을 세팅한 후 스타트 버튼 클릭하면, 프로그램 오른쪽 하단에 프로그램 로그창에 로그 표기 후 프로그램에서 운용 중인 시간변수의 2배 시간 동안

데이터를 확보하고 그 이후 신호를 발생시킵니다.

  스탑 버튼 클릭 시 프로그램 매매가 멈추게 되며, 보유 포지션이 있을 경우 자동으로 청산됩니다. (스탑 버튼 클릭 시 1호가에 청산되며, 대기호가 선택 시 대기 1호가 주문으로, 상대호가 선택 시 시장 주문으로 보유분을 청산 시킵니다.)

- 프로그램 매매신호 발생시간

  당사 프로그램에서는 특허출원 중인 알고리즘을 기반으로 데이터값을 프로그램에서 모은 후 신호를 발생시키게 되어 있습니다. 즉, 스타트한 시점에서 '사작시간 만족 구동시작!'로그 발생 후 시간변수의 2배 시간동안 데이터를 축적합니다. 그 후 프로그램의 매매신호는 축적된 데이터를 읽어 자동으로 진입신호를 발생시킵니다.

> 예시: 시간변수 5분으로 스타트할 경우 시작시간 만족 로그가 발생한 기준 시간에서 10분 후 매매신호를 발생시킵니다.

11. 누적 손실 및 주문 기능

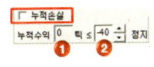

※v 체크시 기능 작동
① 현재 프로그램의 수익 또는 손실 상태를 자동으로 표기 (별도 설정 불가)
② 최대 손실 범위를 설정, 최대손실 범위 도달 또는 초과시 일시정지 기능 작동

① 예시 →

누적손실 기능 사용을 원할시 박스칸에 v 체크 후 사용 가능합니다. 누적손실 기능은 손실 범위를 설정하여 그 범위에 도달하거나 초과할시 프로그램에서 자동으로 일시정지가 되어 매매를 방지하는 기능입니다.
① 은 현재까지 프로그램의 수익/손실 결과를 표기하며 ② 에서 최대 손실 범위를 설정할 수 있습니다.

누적손실 기능사용을 원할 시 박스 칸에 v 체크 후 사용 가능합니다. 누적손실 기능은 손실 범위를 설정하여 그 범위에 도달하거나 초과할 시 프로그램에서 자동으로 일시정지가 되어 매매를 방지하는 기능입니다.

①은 현재까지 프로그램의 수익/손실 결과를 표기하며 ②에서 최대 손실 범위를 설정할 수 있습니다.

※1회 클릭시 기능 작동

수동 주문 기능으로 취소, 매수, 매도 3가지 주문으로 구분되며, 취소는 진입대기 주문 계약 또는 청산 대기 주문 계약을 취소하는 기능을 합니다. 매수 클릭시 현재가 기준으로 대기호가 1호가에 주문을 전송하며, 매도 클릭시 현재가 기준으로 대기호가 1호가에 주문을 전송합니다.

•수동주문의 기능으로 프로그램 매매가 아닌 사용자의 임의적인 매매로 사용할시 책임은 사용자에게 있습니다.

수동 주문 기능으로 취소, 매수, 매도 3가지 주문으로 구분되며 취소는 진입 대기 주문 계약 또는 청산대기 주문 계약을 취소하는 기능을 합니다. 매수 클릭 시 현재가 기준으로 대기호가 1호가에 주문을 전송하며, 매도 클릭 시 현재가 기준으로 대기호가 1호가에 주문을 전송합니다.

○ 수동주문의 기능으로 프로그램 매매가 아닌 사용자의 임의적인 매매로 사용할 시 책임은 사용자에게 있습니다.

12. 입력시간 변수 및 입력 1, 2, 3 설정 시 프로그램 반응

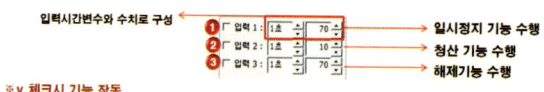

※ v 체크시 기능 작동
※ 수치 조절은 반드시 스크롤 클릭으로 변경하세요!

사용자의 판단없이 위험구간에서의 진입신호를 방지, 안전한 구간에서의 구동과 포지션 청산을 자동으로 수행하며 프로그램의 핵심적인 기능입니다.

① 입력1: 일시정지 기능 (일시정지로 위험구간에서의 진입을 방지)
② 입력2: 청산 후 일시정지 기능 (전환이 발생하는 중요한 시점에서 발생되는 신호, 포지션 청산 후 일시정지 기능)
③ 입력3: 해제 기능 (일시정지를 해제시켜 프로그램의 매매가 시작)

해당 입력1, 입력2, 입력3은 각각 **입력시간변수**와 **수치**로 표기되며, **구동 권장 설정값의 매뉴얼**에 안내된 것에 따라 설정할 것을 권장합니다.

← 프로그램 신호 이미지

사용자의 판단 없이 위험구간에서의 진입신호를 방지,

안전한 구간에서 구동과 포지션 청산을 자동으로 수행하며, 프로그램의 핵심적인 기능입니다.

입력1: 일시정지 기능(일시정지로 위험구간에서 진입을 방지)

입력2: 청산 후 일시정지 기능(전환이 발생하는 중요한 시점에서 발생되는 신호, 포지션 청산 후 일시정지 기능)

입력3: 해제 기능(일시정지를 해제시켜 프로그램의 매매가 시작)

해당 입력1, 입력2, 입력은 각각 입력시간변수와 수치로 표기되며, 구동권장 설정값의 매뉴얼에 안내된 것에 따라 설정할 것을 권장합니다.

13. 프로그램 창 기능

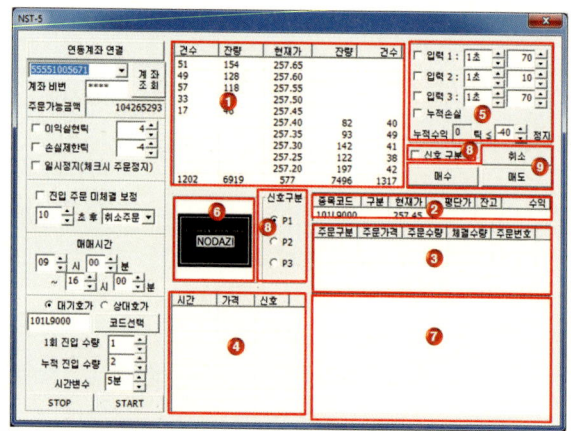

❽ 신호구분 기능은 2 가지로 구분되어 있으니 구동설정값 세팅시 주의바랍니다.
 ① 신호구분 박스칸의 v체크와 해제
 ② 신호구분 p1, p2, p3

①	현재가 창으로 선택한 선물의 실시간 시세가 수신되어 나타납니다.
②	현재 계좌의 주문 완료된 보유포지션, 즉 미청산 포지션(주문 체결이 완료된 포지션)이 나타납니다.
③	매매신호 후 전송된 주문이 미체결 되어 있을 경우 나타납니다. 주문이 체결되었을 경우 사라지며, 익절틱 설정시 익절 대기 주문을 표시 또는 사용자가 청산 시 청산 주문을 전송한 내역이 표시됩니다.

주식투자, 돈 벌려면 공부하지 마라

④	프로그램에서 발생한 신호가 출력되고, 시간, 가격, 신호가 출력되어 표시됩니다. 해당 창으로 주문이 신호에 맞게 전송되는지 확인 가능합니다.
⑤	입력시간 변수 및 입력 1, 2, 3 값을 수정하거나 변경할 수 있습니다. 누적손실 기능사용 시 설정한 누적 손실 범위 이상 넘어갈 경우 자동으로 일시정지 되어 프로그램 구동을 중지시킵니다. 누적손실 왼쪽의 창은 현재 수익/손실 중인 틱수를 나타냅니다. (뒤 페이지 '권장구동환경'에 따라 설정)
⑥	프로그램에서 발생되는 모든 신호를 이미지로 표현합니다. (매수 신호, 매도신호, 준비하세요 신호, 정지 신호, 해제 신호, 청산 신호)
⑦	프로그램에서 행하는 모든 로그가 출력되어 표시됩니다. (Start/Stop 클릭, 시작시간 만족 로그, 주문 체결 내역, 프로그램 매매신호, 정지/해제/청산 신호 등)
⑧	알고리즘에 따른 신호구분을 설정할 수 있습니다. 신호구분 v체크와 해제/신호구분 p1, p2, p3 등 3가지 기능으로 구분되어 있으며 상품마다 차이가 있으니 설정 값 매뉴얼을 참고 바랍니다. (뒤 페이지 '권장 구동환경'에 따라 설정)
⑨	수동 버튼 클릭으로 매수 매도 주문을 전송할 수 있으며, 현재 잔고의 청산 및 미체결 주문의 취소도 버튼 클릭으로 가능합니다. (숙련자용으로 사용 권장하지 않습니다.)

-프로그램 구동시 *START 시점*-

가장 안정적인 매매성공률과 안정적인 매매신호를 받기 위해서 프로그램의 START 시점이 중요합니다. 구동 설정값 매뉴얼에 안내된 시간대에 구동하면 최소 70%~90% 매매성공률을 보일 수 있으나 더 안정적이고 전환손절시 보다 적은 손절틱의 전환신호를 받기 위해서는 해당 매뉴얼의 START 시점에서 구동시작을 할 것을 권장합니다.

1. 거래량 차트를 적용하며, 해당 상품의 차트를 켜고 프로그램 시간변수와 차트의 분봉을 동일하게 설정합니다. (이베스트 투자증권 창번호 → 국내선물 4003 , 해외선물 4091)

2. 구동시점은 하단의 거래량 차트로 적용시키며, 기준은 바로 직전에 확정된 거래량 캔들 기준으로 이전 거래량의 평균값을 계산 한 뒤 진행중인 거래량이 평균값보다 감소되었을 경우가 정확한 START 시점입니다. •시간변수가 다르더라도

•크루드오일 예시(프로그램 5분 시간변수 운용시)

1. 차트 분봉을 5분봉으로 변경(해당 시간변수와 맞춰 설정)
2. 진행중인 거래량 기준으로 바로 1개전 거래량 캔들에 마우스 커서를 올리면 거래량 값을 확인 가능
3. 2개 전 거래량의 값을 확인
4. 1개전 거래량+2개전 거래량 값을 확인하고 합산 후 2로 나누어 기준 평균값을 확인
5. 현재 진행중인 거래량이 기준 평균값보다 감소되었을 경우 START 시점 (진행중 거래량이 확정되기 1분~30초전에 스타트)

ex. 1개전 거래량 값= 2380계약, 2개전 거래량= 2303계약
(2380+2303)/2 = 2341.5계약
즉, 현재 진행중인 확정 전까지 거래량이 2341계약을 넘지 않는 시점에서 START

차트 분봉을 5분봉으로 변경(해당 시간변수와 맞춰 설정).

진행 중인 거래량 기준으로 바로 1개전 거래량 캔들에 마우스 커서를 올리면 거래량 값을 확인 가능.

2개전 거래량의 값을 확인.

1개전 거래량+2개전 거래량 값을 확인하고 합산 후 2로 나누어 기준 평균값을 확인.

현재 진행 중인 거래량이 기준 평균값보다 감소 되었을 경우 스타트 시점(진행 중 거래량이 확정되기 1분~30초 전에 스타트).

> 예시: 1개전 거래량 값=2380 계약, 2개전 거래량=2303 계약
> (2380+2303)/2= 2341.5계약
> 즉, 현재 진행 중인 확정 전까지 거래량이 2341 계약을 넘지 않는 시점에서 스타트.

제6장

선행신호의 정의와 신호의 안정성*

* 이번 장의 내용은 ㈜엔에스글로벌과 저자가 특허출원하고 저작권 등록을 하여 지적재산권 보호를 받으므로 무단 도용 또는 불특정 다수를 대상으로 하는 배포를 금합니다.

 선행신호란?

 선행신호의 정의는 필자의 주관적 판단에 의해 기술된다는 점을 미리 밝히며 이를 감안하시기를 바랍니다.
 일반적으로 모든 지표를 통한 신호는 정해진 후행성이론 로직으로 분석하고 대입하는 것이며, 매 결과 값에 의해 지정됩니다. 그러한 신호를 반복적으로 확인한 값으로는 사용자들이 지금까지는 그렇다할 좋은 각기 다회 매매 결과를 만들지 못하고 있습니다.
 하지만 선행신호를 설명하자면 멀지 않은 과거에 반복적으로 수행된 동일한 데이터 값에 의한 결과를 토대로, 반복적인 값으로 도출되는 데이터 값을 가상 정수화 하고, 최소 같은 결과 값이 70% 이상 도출되어 반복적인 결과 값이 얻어질 때, 같은 결과 값을 도출되게 만드는 선행신호라 지칭하기로 합니다.

예를 들면 삼성전자의 주가가 130만원일 때 투자주체 중 외국인이 매수세가 있고 개인과 기관이 매도세가 있을 때 시간별 거래량과 총 호가잔량, 그리고 몇 분마다 얼마만큼의 수량을 반복하거나, 또는 일시적 거래를 일으키는지를 정수 데이터로 합니다. 여기에 시간의 변수(1분, 3분 등)를 대입하면 70%에서 많게는 90% 가까운 상승과 하락의 동일한 결과 값을 얻을 수 있었습니다.

이 때문에 앞서 정의한 대로 시간별 거래량과 총 호가잔량, 그리고 몇 분마다 얼마만큼의 수량을 반복 또는 일시적 거래는 선행신호를 만들어 내는지를 직전 데이터로 활용하여 상수나 변수가 정수화 되는 과정을 말하며, 그 첫 번째 변수와 상수의 조건 값이 선행신호로 해석하는 것입니다.

이러한 선행신호를 적용하여 주식(현물), 선물 등을 매매한 내용으로 다시 한번 예를 들어 보겠습니다.

위노바 호가창

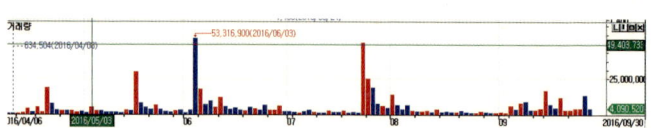

위노바 거래량

위노바 차트 확인하기(7월 17일 ~ 7월 20일)

7월 17일 금요일 위노바 매수추천
하한가 부근 매수추천 (2210원 부근)

매수추천 후 약 18% 급등!!
(추천 1일만)
종가대비 약 12% 상승!!

그 놀라운 기적의 리딩을 직접 체험하시기 바랍니다.
감사합니다.

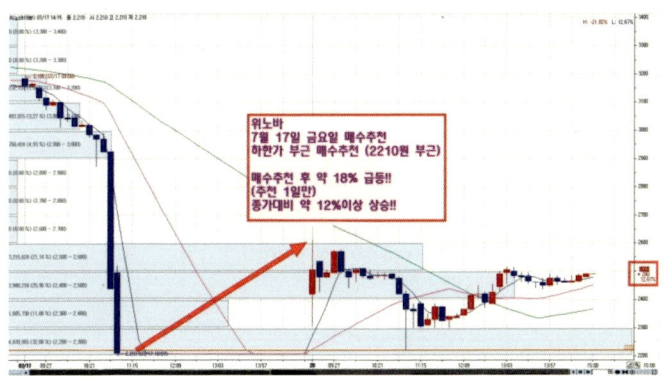

위노바 매매결과

보유잔고	평균단가	평가금액	평가손익	손익률
508,000 ▼112,000 -18.06%		1,800,563		10,435

C	매도주문	매도잔량	15:59:58	매수잔량	매수주문
			시장가		
▲	상한가		806,000		상한가
			519,000		
			518,000		
		1,805	517,000		
		1,221	516,000		
		1,325	515,000		
		533	514,000		
		737	513,000		
		703	512,000		
		1,251	511,000		
		1,624	510,000		
		1,227	509,000		
		860	508,000	378	
			507,000	5,099	
			506,000	5,111	
			505,000	4,362	
			504,000	2,129	
			503,000	2,108	
			502,000	3,958	
			501,000	3,755	
			500,000	8,763	
			499,500	405	
			499,000		
			498,500		
▼	하한가		434,000		하한가
		220	시간외		
		11,286	24,782	36,068	

한미약품 호가창

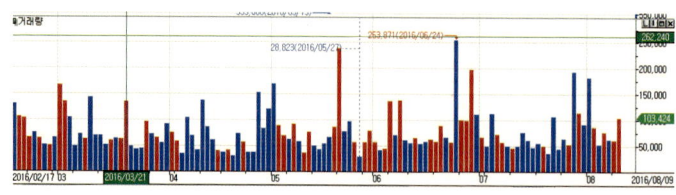

한미약품 거래량

주식투자, 돈 벌려면 공부하지 마라

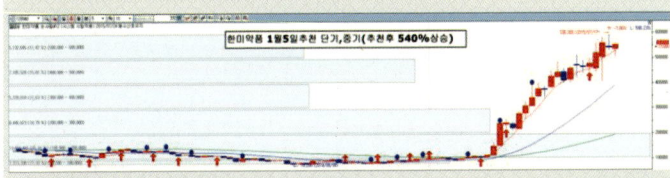

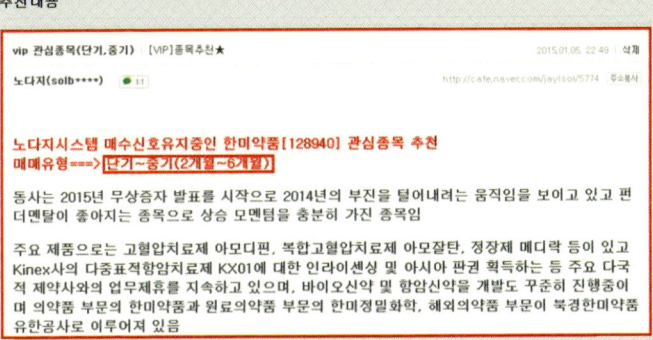

한미약품 매매 결과

제6장 선행신호의 정의와 신호의 안정성

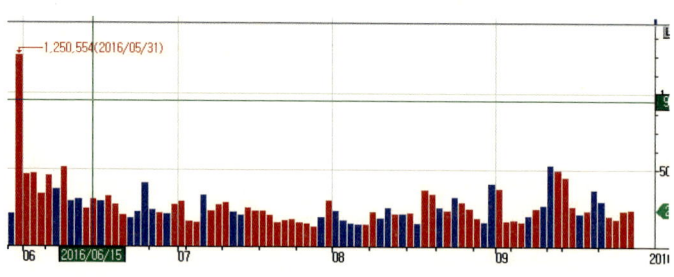

삼성전자 호가창

삼성전자 거래량

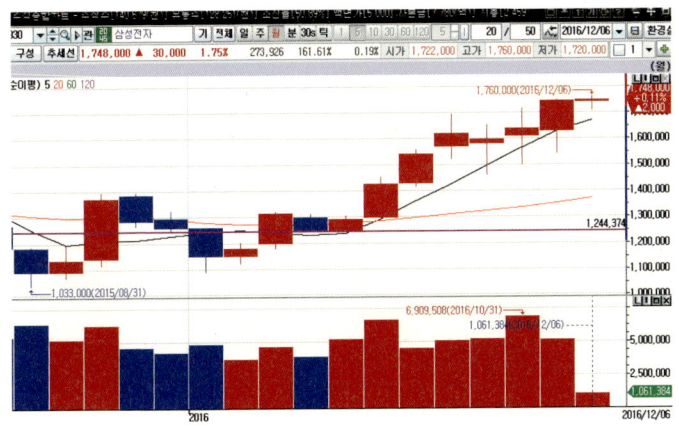

삼성전자 회원 진입 추천구간

110만원~120만원 개인 회원 추천 2016년 4월

위에서 보는 바와 같이 같은 시간 변수를 정하고 거래량과 순 체결량, 그리고 호가 잔량 등을 하나의 정수 신호로 간주하고 같은 반복적인 정수의 출현이 3회 이상 나올 때 진 상승 시점으로 판단하는 방식으로 매매를 진행하였습니다. 결과는 매우 높은 매매 성공률을 만들었습니다. 이 같은 방식에 동시 적용이 되는 GATE 방식과 TRYDUNT 방식에 대해서는 뒤에서 설명하기로 하겠습니다.

상기 선행신호 매매방식의 단점은 적용하는 시간 변수가 길어질수록 성공률이 떨어진다는 것이며 그렇기 때문에 필자가 개발한 선행신호는 최단 10초의 시간 변수와 최장 127분의 시간 변수를 사용하기에 이르렀습니다. 17분의 시간 변수를 기준으로 성공확률이 낮아져 두 시간 이상이 지나면 앞서 얻어진 선행신호는 완전히 소멸된다는 점을 참고하시길 바랍니다(투자와 매매를 경계 삼는 이유와 오버나잇 없는 매매만 적용).

 광의의 의미를 두고 판단한다면 선행신호는 진입과 청산에 가장 유용한 신호라 할 수 있습니다.

선행신호의 우수성 증명: 결과에 의한 증명

우선 임의로 종목을 선정하여 선행신호가 가져다주는 결과의 우수성을 증명해 보도록 하겠습니다.

특정 시간 변수이므로 정론화로 이해하여 매매에 적용하지 않기를 바랍니다.

아래는 한미반도체와 국내선물, 해외선물 상품을 선행신호로 주가의 방향을 정확히 짚어보도록 하겠습니다. 해당 실험은 이 책에 기록하기 위해 2016년 8월 17일 오전 11시 40분부터 오후 3시 30분(장종료)까지 무작위로 선별한 종목을 대상으로 했습니다.

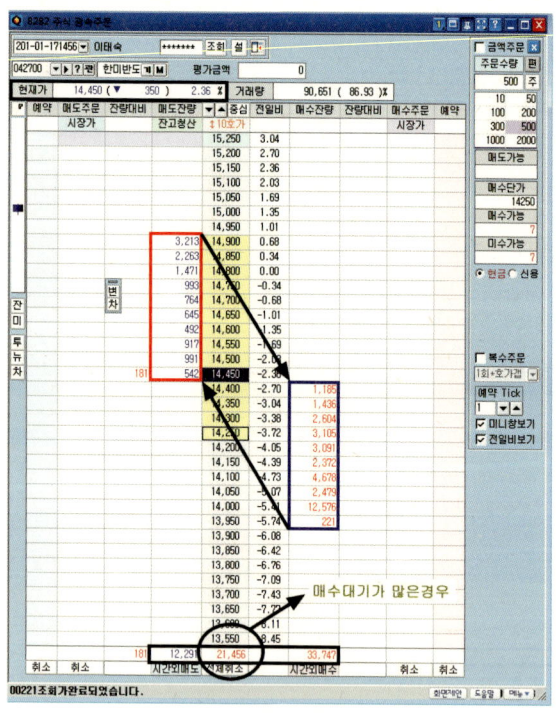

주식투자, 돈 벌려면 공부하지 마라

한미반도체: 하락방향 매도신호 포착 후 14,200원까지 하락

위와 같이 상식적인 이론은 전혀 맞지 않는다는 결과를 만날 수 있습니다. 또한 위에서 보여주듯 매수세가 많고 매도세는 적은 상황인데 주가는 오히려 하락하는 결과에 대해서 지금까지 후행성지표를 분석하여 기술적 분석을 해온 전문가들과 개인투자자들은 어떻게 이 같은 사실을 받아들일까요? 물론 종목마다 변수와 상수가 정수화 되는 포인트는 각기 다를 수 있겠지만 기존의 후행성이론을 정면으로 반박할 수 있는 충분한 자료가 될 것입니다.

보다 자세한 이해를 돕기 위해 호가창에 나타나는 호가

잔량과 총 매도잔량과 총 매수잔량의 합산 차이 값, 그리고 실시간 체결량이 사용하는 시간 변수 동안 정해진 알고리즘 정수값에 부합할 때, 매수와 매도 시점을 선행신호로 간주하고 그 결과 값이 선행신호의 유효성에 대한 증명을 하는 것이기도 합니다.

/ 논리적 증명

아래의 호가창의 정보를 가지고 주가의 상승과 하락이 이론적인 매수세와 매도세와는 달리 반대로 움직인다는 것을 논리적으로 기술해 보도록 하겠습니다.

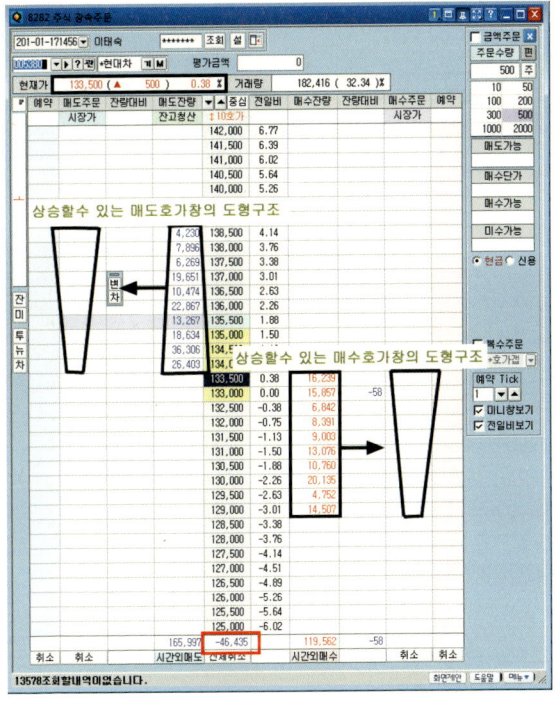

상승 선행신호를 나타낸 종목의 호가창[현대차005380]

옆의 빨간색 박스를 보면 총호가잔량의 합산 차이가 표기되어 있으며 매도 대기 잔량이 많고 매수 대기 잔량은 적습니다. 이처럼 비교적 이론을 설명할 수 없는 호가창을 자주 보게 됩니다.

짧은 시간 동안의 상승 동력은 결국 매수나 매도 잔량 중 사려는 의지가 강한 쪽에서는 대기보다는 시장가 매수 매도에 나설 수밖에 없다는 결론을 얻을 수 있으며 이러한 것이 누적되어 선행신호를 만들어 냅니다.

> 주의 1) 해당 자료는 선행신호의 기술적 증명을 위한 참고자료이며 단순히 한 가지 방법에 지나지 않기에 해당 방법으로 매수 매도를 하지 않기를 권장합니다.
> 주의 2) 상기 기술된 자료는 선행신호를 만들어내는 수십 가지의 로직 중 단 한 가지의 예를 들은 것이므로 위와 같은 기술적 내용을 토대로 성급한 매매를 감행하는 것은 매우 위험합니다.

 # 선행신호의 안정성이 가져다주는 매매가 투자의 기초자산

위와 같이 필자의 '눈사람매매법'과 본인이 스스로 정립한 선행지표의 활용으로 주식(현물)이나 선물 옵션, 그리고 해외선물 옵션 상품까지 대부분의 상품에 각기 다른 선행신호 로직을 구성하여 만들어진 NST 자동매매프로그램 시리즈를 통해 누구나 손쉽게 투자에 필요한 기초자산인 바른 매매를 이어갈 수 있을 것으로 확신합니다.

지금은 빅 데이터를 활용한 컴퓨터의 세계가 펼쳐지고 있으며 각종 산업에 지대한 영향을 미치는 시기입니다.

필자 역시 2012년부터 직접 개발한 선행신호와 '눈사람매매법' '1·2·3 매매법칙' 'PTV 알고리즘' 활용으로 인공지능 방식의 자동매매프로그램(자동매매시스템)을 개발하였습니다. 이는 수년간의 시뮬레이션(simulation) 백

(BACK)데이터를 통해 수없이 알고리즘과 신호 도출방법을 수정하여 단 1%라도 높은 매매성공률을 위해 최선을 다하였습니다.

굴지의 몇몇 증권사 IT팀에서도 우수한 성능을 인정받아 필자 개인의 성공만이 아닌 국내 금융시장의 패러다임을 바꾸고 개인투자자들의 지속적인 손실을 막고자 자신감을 가지고 NST 시리즈를 내놓습니다.

대한민국 금융 시장의 구조적인 문제로 증권사나 메이저들의 수익모델이 거의 사라진 작금의 상황에 '자본시장법' 개정의 목적이 희나리처럼 바래진 지금의 현실을 작게나마 타파하고 개인투자자들이 시장을 이끌어 가는 선진 금융시장이 도래하길 바라는 간절한 마음을 이글에 담아봅니다.

제7장

돈 벌려면 눈사람과 친해져라!

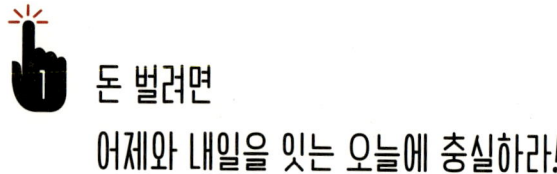

돈 벌려면
어제와 내일을 잇는 오늘에 충실하라!

 대다수의 시장참여자들은 수십년이 지난 빛바랜 참고도서와 강의 자료를 접하면서 주식시장 또는 선물 옵션 시장에 발을 들이게 됩니다. 시시각각 변하는 글로벌 경제구도와 진행방향, 그리고 그것을 결정하는 각종 정치적 문제들과 국가별 정책에 의해 국가별 개별적으로 특수성을 지닌 자금들이 온 세계를 떠돌아다니면서 수익과 손실을 만듭니다. 그로 인한 사건·사고와 연관된 소식은 루머와 진실을 헷갈리게 하는 무서운 예측으로 이어져 투자자의 심리를 자극합니다.

 이러한 자극은 누구나 지니고 있는 '욕심'이라는 덫을 투자자 스스로가 놓게 하면서 투자자와 시장은 공존하게 됩니다.

주식시장에 입문하는 계기를 한 사람 한 사람을 잡아놓고 묻지 않아도 대부분이 공감하는 사실은 '돈 벌기 위해서'입니다. 그렇다면 지금까지의 우리나라 주식시장의 도입 시기와 배경은 알고 있을까? 대부분 투자자가 알고 있을 것이라고 판단하겠지만 실상은 그렇지 않다.

필자의 주관적 생각으로는 이는 "추운 겨울날 입을 옷에 주머니가 몇 개 있느냐?"라는 질문과 같은 이해를 요구하고 싶다. 접근의 목적에 큰 의미를 부여하기를 바라는 뜻에서 하는 말입니다.

우리나라 주식시장 도입 시기는 1964년 1월 4일일까? 아니면 1980년 1월 4일일까? 그도 아니면 2005년 11월 1일인 것일까? 묻지도 따지고 싶지도 않은 내용이지만 이 책을 읽는 독자들에게는 분명하게 주지하고 싶은 부분입니다.

우리나라 주식시장 도입 시기는 1964년 1월 4일이고, 명칭(종합주가지수 ➡ KOSPI지수 2005년 11월 1일)과 산식(1964년 다우존스식 주가평균을, 1972년에 한국종합주가지수를, 1983년 현재의 시가총액식 산출도입, 산업별 주가지수는 1975년, 부별주가지수+자본금 규모별 주가지수는 1980년부터 소급적용)이 바뀌면서 각각 명칭과 산식으로 배경이 바뀌었습니다.

그렇다면 배경이 바뀌지는 않을까요? 배경은 어제부터 오늘 현재까지도 바뀌고 있고 내일까지도 바뀌어 갈 것입니다. 바뀌어 온 것은 추운 겨울날 입을 옷에 있는 주머니(어제)인 것이고 바뀌어 갈 것은 주머니의 개수(내일)가 아닐까요?

바른 투자자라면 어제와 내일을 잇는 오늘의 변화에 집중해야 하지 않을까요? 일어난 일을 부정하거나 일어나지 않을 일들을 예측하는 우를 범하면서 주식시장에 발을 들이게 된 투자자들은 어제도 오늘도 보지 않고 투자자 스스로 바라고 원하는 모습의 내일만을 봅니다. 이 때문에 어제와 특히 오늘에 집중하는 큰 세력(외국인, 기관, 큰손 등)의 의도에 휘말리게 되면서 성공투자의 기회를 잃게 되는 경우가 많습니다.

지금까지의 투자 관행 때문에 성공투자자의 길이 험난하다 여기겠지만 의외로 쉬울 수 있습니다. 이제 이런 방증을 해보려고 하니 주식시장 또는 선물 옵션 파생시장의 시세와 추세를 판단하는 데 도움이 되기를 바랍니다.

2 돈 벌려면 잘못된 분석방법을 버려라!

 개인투자자들은 분석을 흔히 기본적 분석(내재적 분석)과 기술적 분석(타이밍 분석 또는 모멘텀 분석)으로 크게 나눕니다. 그도 그럴 것이 오랜 기간 어제의 분석방법과 어제의 시각으로만 일관되게 배우고 사용해 왔기 때문입니다.

 필자는 이에 대해 우려스러운 마음으로 강조하고 싶습니다. 언어적 기술적 표현만 다르게 사용할 뿐 사회경제의 변화와 자금의 이동에 따른 변화, 그리고 그에 대처하는 세력(기관, 외국인, 큰손)들의 대처 방법의 변화와는 동떨어진, 원론은 그대로인 채 문장만 바꾸어 놓은 각종 기술도서에 시간을 뺏기지 말라고 말입니다. 또 몇 안 되는 과거의 매매실적으로 투자자를 현혹하는 세력이나 매체(인터넷, 방송 및 강연회)를 통한 심리 마케팅에 눈과

귀를 빼앗기지 말라고 말입니다.

 발상의 전환을 해봐야 합니다. 누구나 투자자라면 다 볼 수 있는 주식가격과 거래량, 그리고 각종 보조지표의 유용성에 대한 의구심을 가져 봐야 합니다.

 경기와 주가가 일관된 양상을 보이거나 이런 사실이 확인 가능한 기업의 재무상태나 영업이익 등에 의한 기본적 분석이 맞아떨어질 때라면 그에 따르는 기술적 분석도 맞을 가능성이 큽니다. 이러한 상황은 우 상향 국면 또는 우 하향 국면에서는 전문가나 애널리스트가 아닌 개인투자자도 성공 확률이 높을 수밖에 없습니다.

 하지만 그런 상황도 최근에는 패턴이 심하게 빨라지고 있고 그에 대응하는 기술적 한계가 있는 상황에서, 정립되지 않은 과거의 매매실적을 바탕으로 한 착시 현상이, 개인투자자의 일관성 없는 투자결과를 만드는 근거라고 필자는 판단합니다. 앞서 강조했듯이 투자자들에게 지금 필요한 것은 현재의 변화에 대처할 집중력과 판단력입니다.

 필자는 투자(기본적 분석)와 매매(기술적 분석)를 오히려 대립하게 하여 강력한 근거를 주식매매의 새로운 패러다임으로 제시하려는 것이고, 이 역시도 필자의 주장보다는 어제와 내일이 아닌 오늘(실시간 웹차트와 매매결과로 근거를 제시)을 바르게 지켜볼 수 있는 투자자라면 누구나 주식시장과 선물 옵션 시장에서 성공투자자가 될 수 있을 것이라고 믿습니다.

 # 돈 벌려면 하나둘셋을 외쳐라: 1·2·3 법칙을 배워보자!

주식시장뿐 아니라 직장생활과 사업 등 사회생활 전반에 걸쳐 속임수와 기회는 무수히 넘쳐난다. 하지만 바로 좋지 못한 상황에서 속임수에 당하고 기회를 놓치는 경우가 많습니다.

/ 눈사람매매법과 PTV선행신호란?

눈사람(PTV선행신호).com은 독보적인 알고리즘을 개발하여, 선물, 현물 및 파생상품 매매가 안정적이고 원활하게 수행되도록 주식, 선물, 파생상품의 주가 상승과 하락을 기존의 지표나 차트가 아닌 PTV선행신호를 통하여 GATE 방식으로 진입시점과 대응시점을 나타내줍니다. 그렇게 함으로써 시장참여자들의 뇌동매매 방지에 도움을 주고자 독자적인 리딩 시스템을 도입하여, 웹사이트와

모바일 그리고 개별 서버를 통하여 제공합니다. 이는 선물, 현물시장의 새로운 패러다임을 구축할 것입니다.

/ 현물 자동 매매프로그램이란?

지금까지의 시장신호와 차트, 그리고 매매이론이 아닌 독자적인 알고리즘으로 고안하여 만들어진 눈사람매매법과 PTV선행신호의 자동 리딩시스템의 또 다른 기능으로는 데이트레이더, 겸업투자자 또는 단기이상의 투자자와 포지션 트레이더를 위한 실시간 신호를 리딩 프로그램과 동시에 신청자에 한하여 문자로 전송하는 것입니다.

리딩 프로그램의 용어해석

당일진폭

선물 또는 파생상품의 매매에 사용되는 용어로 하루 동안의 예상 진폭을 전일과 일 사이의 선행신호를 통한 상승과 하락 가능한 진폭을 합한 진폭입니다.

변화진폭

선물 또는 파생상품의 매매에 사용되는 용어로 당일 진폭의 이동을 선행신호를 통해 미리 움직임의 상하 방향을 선행하여 나타내 주는 것으로 데이트레이더 또는 스캘퍼들에게 매우 유용한 변화진폭입니다.

진폭이동

동선의 이동과 함께 소파동, 중파동의 변화에 대한 상승과 하락을 선행하여 미리 이동될 수 있는 폭을 수치로 계산하여 알려주며, 변동성에 의한 진폭을 상세히 알려줍니다(상단, 하단).

진폭유지

주로 소파동이 일어나는 구간에서 PTV선행신호가 매수시점에 대한 보다 안정적이고 상승확률이 높은 상황을 포착하여 지정된 사용금액의 일부를 분할 매수하고, 그에 따른 수익과 손실을 특허출원 중인 PTV 자동매매프로그램이 인공지능적인 판단으로 수행하게 만들어진, 반자동, 또는 자동매매프로그램입니다. (해당 프로그램의 특징은 수급강도나 체결강도가 높은 종목의 매수와 매도를 투자자 스스로 판단하기 힘든 스캘핑, 데이트레이딩 방식의 매매를 보다 손쉽게 하도록 만들어졌으며 투자자의 투자성향에 따라 단기, 중기, 장기 매매형태도 취할 수 있도록 만들어졌습니다.)

상승방향 / 하락방향
- 주가의 상승 또는 하락의 방향을 알려주는 용어로 각 방향에 따라 **강화/유지/전환**으로 나누며, 스캘핑 또는 데이트레이딩시 주가의 방향을 놓치지 않도록 리딩시 수시로 알려 드립니다.

"진폭" 과 관련된 용어에 대해서...!

당일 진폭
- 하루 동안 움직임이 예상되는 주가의 상단과 하단의 폭을 의미합니다.

변화 진폭
- 선행신호에 따라 당일진폭의 상단 또는 하단의 값이 변할 경우에 알려드리는 진폭을 의미합니다.

진폭 이동
- 동선의 이동과 함께 소/중파동의 변화에 대한 상승과 하락을 선행하여 미리 이동될 수 있는 폭을 수치로 계산하여 알려주며, 변동성에 따라 폭의 상단 및 하단값을 상세히 알려줍니다.

진폭 유지
- 파동이 일어나는 구간에서 PTV선행신호가 소파동만을 표시할 때 나오는 표시용어로써 주로 횡보구간이나 변곡점에서 많이 발생합니다.

SLOW / FAST 패턴
- 주가의 이동패턴과 투자자의 대응을 위한 패턴으로 두 가지 의미를 가지는 용어입니다.
  주가의 이동패턴이 FAST패턴일지라도 투자자의 대응패턴은 SLOW패턴일수도 있으며, 혹은 그 반대인 경우도 있습니다.
  이에 대한 상세한 내용은 실시간 리딩을 통해 알려드리고 있습니다.

PTV 선물, 현물 차트 신호란?

직전 또는 그전의 결과를 바탕으로 하는 후행성차트와는 달리 시간 이론과 심리지수를 상수 또는 정수화하여 거래량을 바탕으로 GATE 방식(상승을 위한 또는 하락을 위한 위 세 가지 조건)의 조건으로 점(수치)으로 연결하여 변화의 조건을 상, 하방으로 표시하면서 주가의 움직임을 선행하여 표시할 수 있도록 만들어진 선행신호 차트입니다.

자동 리딩시스템이란?

개별서버를 두고 실시간으로 발생하는 PTV선행신호를 리딩프로그램을 통하여 실시간 또는 격차를 두고 채팅프로그램에 전달될 수 있도록 만들어진 프로그램으로, 당사의 '리딩참여단'에게 제공됩니다. 설치파일을 실행하면 웹상에 전달되는 모든 신호와 정보를 개별 챗창을 통하여 제공 받을 수 있습니다

SLOW패턴

두 가지로 해석할 수 있으며, 하나는 주가의 이동패턴과 투자자의 대응패턴이고, 경우에 따라서는 주가의 이동패턴이 FAST패턴일 때 투자자의 대응패턴은 SLOW패턴일 수 있습니다.

FAST패턴

두 가지로 해석할 수 있으며 하나는 주가의 이동패턴과 투자자의 대응패턴이고, 경우에 따라서는 주가의 이동패턴이 SLOW패턴일 때 투자자의 대응 패턴은 FAST패턴

일 수 있습니다.

동선

리딩 프로그램에서 가장 중요한 용어, 주가 상승과 하락 시 소파동, 중파동, 대파동 시 각각의 이동중심을 나타내며, 변화는 동선의 지지와 유지 그리고 동선의 저항으로 표시합니다. 주가의 상승과 하락은 정해진 1·2·3(하나둘셋) 법칙에 의해 그 방향을 쉽고 정확하게 파악할 수 있습니다. (상승과 하락의 중심점이며, 지지와 저항을 반복적으로 일어나게 하여 횡봉 또는 변곡에서 변화가 일어납니다.)

동선이동

동선의 이동은 주가의 방향이 이동되는 방향으로 이동되지만 그 역시도 1·2·3(하나둘셋)법칙에 의해 역방향으로의 바뀜을 선행하여 인지할 수도 있습니다(계단식상승, 계단식하락).

동선유지

주가가 정해진 시간 동안 극소 파동만을 나타내고 있을 때를 말하며 이는 횡보 구간 중에 나올 수도 있고 진폭의 상, 하단에서 변곡 진입 전에도 나올 수 있습니다.

동선지지

주가의 방향을 역행하는 용어로 1·2·3(하나둘셋)법칙에 충족하면 진행 중인 방향이 강해지기도 하며, 1·2·3(하나둘셋)법칙에 부합하지 못할 경우 스위칭이 발생하거나 동선이 길어질 수도 있습니다. (동선지지는 변화 지녹의 상, 하단에서 빈번히 나올 수 있습니다.)

동선저항

주가의 방향을 강하게 하거나 계단식 상승에서 빈번히 발생하며 동선저항이 강하게 돌파되면 상승 또는 하락방향이 강화됩니다. 1·2·3(하나둘셋) 법칙에 부합하지 못할 경우 스위칭이 발생하거나 동선이 길어질 수 있고 이는 동선지지와 마찬가지로 변화진폭의 상, 하단에서 빈번히 나올 수 있습니다.

스위칭

주가의 방향이 전환되는 시점에서 나올 수 있는 용어이며, 변동성이 심할 경우 빈번히 나옵니다. (투자자들에게 진입시점을 판단하게 할 수 있으며 FAST 패턴일 때보다는 SLOW패턴일 때가 유리합니다.).

변곡점

1·2·3(하나둘셋)법칙이 소파동, 중파동, 대파동의 완성 없이 극소 파동이 일어날 때 '변곡진입'으로 표시되어 나오며 동선주변 또는 진폭의 상단 또는 하단에서 빈번히 발생하지만 매우 중요한 터닝시점에서도 나올 수 있습니다.

상승방향유지 와 하락방향 유지

스켈핑 또는 데이트레이딩 시 주가의 방향을 놓치지 않도록 리딩프로그램에서 다수의 리딩이 발생할 때, 주기적으로 알려주는 용어이고 강화 신호 후 방향유지 시에 나옵니다.

1·2·3(하나둘셋)법칙

'눈사람매매법'그리고 PTV선행신호에 사용되는 알고리즘으로 소파동, 중파동, 대파동 시 소1·2·3 중1·2·3 대1·2·3 완성과 미완성이 주가의 방향을 유지 또는 전환을 선행하여 알려주면서 기준이 되는 개별리딩 용어이며 개별강의를 통해 상세히 전달됩니다.

대응시점

'리딩참여단'또는 개별적으로 기준과 원칙을 지킬 수 있도록 매도 또는 청산시점을 알려줍니다(스켈핑 시 0.3~0.5 또는 0.5~0.7).

위와 같이 리딩프로그램을 통한 PTV선행신호가 실시간으로 웹상에 주가차트와 수치로 표현되며 신호를 받아 매매하는 '리딩참여단'의 매매결과를 실시간으로 업데이트

합니다.

주소창에 눈사람.COM을 입력하면 실시간 정보를 볼 수 있습니다.

글을 맺으며....

금융시장에서의 성공과 부를 향한
수 많은 이 들의 마음 속을
전부 들여다 볼 수 있지는 못하지만
최소한,
소중한 자산을 잃어 버리지 않으려 발버둥치고
보다 쉽게 돈을 벌려하는 사람들이
아우성 치는 모습은 지금까지 필자가
국내시장에서 만나온 사람들의
대부분이였습니다.
각종 금융 상품의 호가창을 들여다 보고 있는
느낌과 거의 흡사한 모습이
아닐 수 없습니다.

사려는 매수자가 많으면

주가는 당연히 상승하여야 하지만

실상은 그렇지 않습니다.

이와 같은 사실에 기인하여 본다면

광의의 "실상과 허상"을 구분할 수 있는 능력이

곧, 금융시장에서 살아남아 이기고

성공할 수 있는 유일한 방법이 아닐 수 없습니다.

부족한 필력으로 모두에게 감동을 줄 수 있는

글을 쓰지 못한 점에는 미안함을 가져 보지만

어렵지 않게 반복되는 필자의 글 속에서

"투자와 매매"의 경계를 반드시 이해하고 깨닫는다면

그리하여 매매에 대한 대응 원칙의 중요성을

학습하여 올바른 시스템 매매의 결과가

은 중, 장기적인 투자의 핵심인

자본이 된다는 점을 알아야 할 것이며,

"다가설 수록 뜨거워지고 온몸을 불태울 수 밖에 없는

태양과 같은 것이 욕심" 이라는 것을

깨우치기를 간절한 마음으로 바래 봅니다.

멀리서 바라보면 언제나 따뜻하고

삶을 밝게 해주는 태양처럼

급하고 지나친 욕심보다는

"느리게 걷기"를 실천하듯이

성급함이 없는, 항상 준비를 우선으로 하는

바른 금융시장 투자자들이 많아지기를 바래봅니다.

2016년 12월 31일 밤,,,
2017년을 준비하는 마음으로.

주식투자, 돈 벌려면 공부하지 마라

펴낸날 2017년 1월 19일

지은이 박종명
펴낸이 주계수 | **편집책임** 윤정현 | **꾸민이** 전은정

펴낸곳 밥북 | **출판등록** 제 2014-000085 호
주소 서울시 마포구 월드컵북로 1길 30 동보빌딩 301호
전화 02-6925-0370 | **팩스** 02-6925-0380
홈페이지 www.bobbook.co.kr | **이메일** bobbook@hanmail.net

ⓒ 박종명, 2017.
ISBN 979-11-5858-227-2 (03320)

※ 이 도서의 국립중앙도서관 출판시도서목록(CIP)은 e-CIP 홈페이지(http://www.nl.go.kr/cip)에서 이용하실 수 있습니다. (CIP 2017000856)

※ 이 책은 저작권법에 따라 보호받는 저작물이므로 무단전재와 복제를 금합니다.
※ 책값은 표지 뒷면에 표기되어 있습니다.